JN199208

さだじぃ。直伝のセルフ・ヒーリング術

あっ、それ氣で解決できますよ。

美も、健康も、
すてきな人間関係も、
欲しいものは自分で手に入れる。
自分の「氣」で手に入れる。

さだじぃ。

河出書房新社

あっ、それ氣で解決できますよ。　目次

第5章 氣を使ってきれいになりましょう …… 167

あっ、それ氣で解決できますよ。
さだじぃ。直伝のセルフ・ヒーリング術

はじめに

さだじぃ。と申します。

この本を手にとってくださって、ありがとうございます。また、いつも応援してくださるみなさまにも、心から感謝申し上げます。

私はこれまで4冊の本を著しました。これらの中で私は、私自身の体験を元に、「氣（き）」を使って、誰かを癒（いや）すことをメインにして書いてまいりましたが、この本は、氣を使い、あなた自身が健康に、しあわせになってもらいたいと思って書きました。

私は、「氣を使うことは、特別なことではなく誰でもできるんですよ」、ということを、これまで一貫して伝えてまいりました。といいますのも、氣を使うことは不思議な能力を持った人だけができること、また、氣で癒してもらうことも、その能力を開花させることも、高額なお金を払って授（さず）けてもらったり、学んだりするものだと多くの人が思っているという事実があったからです。

でも私は、そうじゃないんですよ、その能力に違いはあるかもしれませんが、実は誰にでも備わっているものなんですよ、高いお金を支払わなくても、誰でも氣が使えるようになるんですよ、ということを伝えたかったのです。氣の道場を開いているのも、そうした理由からなんです。

私は思います。誰もが「氣」という不思議な能力を持ってこの世に生まれてきました。ただ、目に見えないものなので、そのことをなかなか実感することができません。「あなたも氣が使えるんですよ」と言っても、「いえいえ、私にはそんな力は」と、はじめからその能力を否定してしまう人がほとんどだと思います。

でも、「手当て」という言葉があるように、どこかが痛むときなど、何げなく手を当てていませんか。こんなふうに、氣を使うことを普段から私たちは無意識にしているのです。

ですから、氣を使える人と使えない人の差は、目に見えないこの「氣」というものに気づくか、気づかないか、ただそれだけなのだと思います。

これまでの著作を読んでくださった方はよくご存じだと思いますが、かくいう私も実は、ある方との出会いによって雷に打たれたような衝撃を受け、氣の力に目覚めた人間です。私が39歳のときのことです。

今は、氣を使って多くの人の痛みや苦しみを改善するために施術の旅をしていますが、ここに至るまでには、たくさんの「まさかの坂」があり、さまざまな試行錯誤がありました。そして、私には氣の師匠と呼べる人はいないので、すべて独学で学んでまいりました。そうして知りえたことを、多くの人に伝えたい、それが結局はより多くの人を助けることにつながる、という確信を持っています。

神さまが与えてくださった天命だと思うから間違った方向には行けません。この本では、こうしたことを、あなた自身が健康に、しあわせに、美しくなるために必要なことを伝授する「氣」の個人道場を開催するつもりで綴ってまいります。

約7年旅をして、氣の力は天井知らず、ということもわかってまいりました。

しかし、私の施術を受けるチャンスがなかなかないという方もいらっしゃるでしょう。また、氣の道場に参加するチャンスがない方もいらっしゃると思います。そんな方々に、自分で自分をいたわる方法として、セルフ・ヒーリングを中心に、この本ではお伝えしたいと思っています。

誰もが、もっとしあわせになりたい、もっと運がいい人間になりたい、もっときれいになりたい……そんな願いを持っておられると思います。

ではそのためにどんなことをしていらっしゃるでしょうか。

いわゆる自己投資として、さまざまなレッスンを受けたり、本を読んだり、新しい何かを体験したりしている方もいらっしゃるでしょう。さまざまなサプリメントを試したり、高額なお化粧品を買って試したりしている方もいらっしゃるでしょう。

そうしたことを否定するつもりはありませんが、「氣」という無尽蔵にあるものを使わない手はありません。たとえば、電気代やガス代を払うよりも、自家発電ができれば、これに越したことはないのではないでしょうか。

また、今、ＤＩＹ（do-it-yourself、日曜大工）をする人が増えていますね。昔なら、工務店や大工さんに当たり前のようにお願いしていたことを、待てよ、これは自分でできるんじゃないか、と多くの人が気づき始め、そうすることによって、より自分流にカスタマイズできることのよろこびを知り始めたのでしょうね。

自分のメンテナンスも同じこと。氣を使ってのＤＩＹは、日々の暮らしにとても役立ちます。もちろん、からだの不調があればお医者様に診てもらうことが大前提ですが、ちょっとした不調の改善や日々の予防に、ぜひ氣の力を役立ててください。

また、日々食べているものをちょっとおいしくしたり、エステに行かなくても、エステに行ったのと同じような効果を得られたり、氣を使えば、いろいろなことができます。氣を使うことによって、人間関係をよくすることだって可能です。

毎日の暮らしの中に、「氣」の力を取り入れて、より健康になってください。よりしあわせになってください。そして、ますます輝いてくださいね！

キラキラした空と風を想像してください
太陽の光が注がれ
木々の葉は　そよそよと風に揺れています
足元には緑の草原が続いています
見上げると
青い空が　どこまでも　どこまでも広がっています
あなたはそこに立っています
目を閉じて
新鮮な空気を　からだいっぱいに吸い込んでください
両手を大きく広げ

宇宙からのエネルギーを感じてみてください

どうですか

手のひらに何か感じませんか

手のひらがだんだん熱くなってきませんか

目を開けて

遠くの空を見上げてから

あなたのまわりにある空気を意識するようにして

見つめてください

すると

キラキラ　キラキラ

輝くものが舞っているのが見えます
それが　氣の妖精(ようせい)・プラーナです
プラーナを氣のミストに見立てて
全身に浴びてください
目を閉じて
プラーナがからだの中に入り込み
全身を満たす様子を想像してください
すると
あなたのからだも　キラキラ輝き出します
さあ　今度は

全身に浴びたプラーナのミストを
足の裏から外に流してください
風が通り抜けるような心地よさを感じませんか
ゆっくり目を開けてください
そこには
生まれ変わったあなたがいます
さあ　これから
氣の世界へ　出かけましょう
あなたの中にいる
１００人のお医者さんを見つけましょう

人生が変わる氣の魔法

氣を知り、氣を使えるようになると、どんなうれしい変化があるでしょうか。
本書によって、あなたができるようになることをまとめました。

・相手の不調(ふちょう)を癒(いや)せる
・自分の不調を癒せる
・遠く離れている人を癒せる
・ペットを癒せる
・自分に自信がつく
・願いが叶(かな)いやすくなる
・しあわせになる
・人間関係が変わる
・運命が変わる　ｅｔｃ．

セルフ・ヒーリングにおけるポイント

❶驚くほどの効果がある場合があり、その一方で、効果をほとんど感じられない場合がありますが、毎日行うことによって、病気にかかりにくいからだにする可能性は大いにあります。

❷現代医療に見放された難病（なんびょう）であっても、氣の力で改善されたり、完治したりする場合があります。

❸自分の症状を自分自身で癒したり、改善したりすることができ、知っていれば大変役に立つ方法です。

❹ヒーリングを行う際、力（りき）んだり、あまり深刻になりすぎないほうが、効果が高くなります。椅子に座り、全身の力を抜き、リラックスして行ってください。

❺痛みに対してヒーリングを行う場合、多少の差はあるにしても、どなたでも痛みの軽減を実感することができると思います。

❻副作用はなく、費用もかかりませんので、試してみる価値のある方法です。

❼個人差はありますが、ヒーリング能力は、本来誰でも持っているものです。

❽明記していない場合もありますが、どのセルフ・ヒーリングにおいても、脾臓タッチ&アタックを最初にすることで、ヒーリング効果は高くなります。

❾原則として、指先や手のひらは、からだには直接触れずに氣を当てます。

❿からだに直接触れないのが原則ですが、手のひらを使ったセルフ・ヒーリングにおいては、あまり神経質にならなくても大丈夫です。

⓫氣のライン作りでは、基本的に、左手の指先で氣を出し、右手の指先で氣を受けます。使うのは、左右の人差し指、中指、薬指の3本の指です。

⓬からだの正面から氣を当てるのは、甲状腺、食道、肺、肝臓、胃、十二指腸、小腸、大腸、生

殖器です。つまり、左手の指先をからだの正面に持っていきます。

⑬からだの後ろから氣を当てるのは、首、脊髄、肝臓、脾臓、腎臓、副腎、膵臓、肛門です。つまり、左手の指先をからだの後ろに持っていきます。

＊肝臓は、正面からも、後ろからも氣を当てます。

⑭手が届きにくい場合は、氣のラインを無理して作らなくても、一方向から氣を当てるだけでも大丈夫です。無理な体勢は腕にストレスがかかり、氣の力をうまく発揮することができないからです。

⑮氣を当てる時間は、能力によっても違いますが、だいたい5分から10分を目安にしてください。

⑯氣を当てる回数は、1日3回くらいを目安にしてください。

⑰セルフ・ヒーリングは、医学的治療と併用しながら行ってください。

⓲氣の力を身につけると、さまざまなことに敏感になり、ラッキーを見つける能力、危険を回避する能力もアップします。

⓳氣あそびをし、氣を纏(まと)う生活をすることで、健康になるだけではなく、運気もアップします。

⓴本書でご紹介したワークを実践する中で、痛みや違和感を覚えた場合は、決して無理をしないようにしてください。

第1章

さだじぃ。式氣のワーク
ウォーミングアップ・ベーシック編

さぁ、ここが氣への入り口です。
まずは、氣を知り、氣とあそぶ
ウォーミングアップから、始めましょう。

まず、プラーナを見て、すばらしき「氣」の世界を実感してください

私は、氣のセミナーや道場、これまでの著作の中で、何度も「プラーナを見てみましょう」と提案しています。

それは、氣というものがどのようなものなのかを知り、体感（たいかん）していただきたいからです。

そして、今、あなたがいる場所に、それは無数に存在しているんですよ、ということを知っていただきたいからなのです。

このプラーナ、コツさえわかれば、誰でも、いつでも、見ることができます。

では実際に、プラーナを見る練習をしてみましょう。

プラーナを見るワーク

プラーナというキラキラ舞う氣の妖精、その存在に気づいてあげましょう！

1 日差しが差し込む明るい窓辺に立ち、手のひらを目線の上に持っていきます。

2 空をスクリーンに見立てて、最初は遠くの空を見て、その後、手のひらの上あたりに視線を戻します。焦点を合わせるのではなく、手のひらの上あたりをぼんやりと眺めるのがコツです。

氣の妖精・プラーナが、キラキラ、手のひらにいっぱい集まってきます。

3 すると、キラキラ光る粒子のようなものが舞っているのが見えてきます。これが氣の妖精・プラーナです。慣れれば、手のひらを目線の上に持っていかなくても、遠くの空を眺めてから、視線を窓辺に戻すだけで、キラキラと舞うプラーナが見えるようになります。

私は以前、大阪キャッスルホテルで施術(せじゅつ)をしていたのですが、そのホテルが入っているビルの中にある書店の中のカフェの窓辺は、日差しが差し込んで明るく、おすすめのプラーナ・スポットです。プラーナがなかなか見えないとおっしゃっていた方が、そこで見る練習をしたところ、すぐに見えるようになったそうです。

プラーナは、すぐに見えるようになる人と、見えるようになるまでに時間がかかる人がいます。あせらず、少しずつ練習してみましょう。必ず見えるようになりますからね。

そして、プラーナが見えるようになったら、手のひらを上にして、左右にスライドさせるようにゆっくりと動かしてみましょう。プラーナが手のひらにいっぱい集まってくるのがわかります。

プラーナというキラキラ舞う氣の妖精。この存在に気づくだけで、この世界は、こんなすてきなもので満ちあふれていたのか、今まで気づかなかっただけなんだなあ、と感激するだけではなく、氣というものがグッと身近に感じられるようになるはずです。

雲を消してみましょう

空を見上げてプラーナを見つける練習をするついでに、雲消（くもけ）しに挑戦してみましょう。

雲を消すことについては多くの方が言及しており、その方法もさまざまですが、人の思いが及ぼす力を確認する方法の一つとして、ご紹介します。

雲を消すワーク

1 まず、空を見て、ターゲットとなる雲を一つ決めます。
はじめはあまり大きいものではなく、小さくて、うすい感じの雲が消しやすいと思います。

2 次に、自分の手のひらを黒板消（こくばんけ）しに見立てて、黒板の文字を消すような動作で、ターゲットの雲を消していきます。
すると、あら不思議。雲がどんどんうすくなって、やがて消えていきます。

慣れると、手を使わなくても、目で「消えて！」と念じるだけで消えるようになりますし、引き寄せの法則を使って、「雲が消えました」と完了形で念じるだけでも消えます。ぜひ、みなさんのやり方を見つけて挑戦してみてください。

雲を消すことはあそびの一つで、これができたからといって、氣の力がアップするわけではありませんが、話だけ聞くと、まさか！　あるいは、本当かな？　と思えるようなことも、実際に自分でやってみると、できるんだ、ってわかりますよね。氣の力と同じで、雲を消すということだって、誰だってできるんですよ、ということを伝えたくて、書いてみました。

氣の三変化

「氣」について、繰り返し伝えている持論（じろん）があります。それは氣の変化ということです。「氣」は、「プラーナ」→「氣のエネルギー」→「オーラ」と変化していきます。

先ほど、その見方を説明した氣の妖精・プラーナは、キラキラと舞いながら空中を浮遊（ふゆう）していきます。このプラーナは人が大好きなので、砂鉄（さてつ）が磁石（じしゃく）にくっつくような感じで人の近くに集まり、人の磁気（じき）に吸い寄せられ、スッ、スッと体内に吸い込まれていきます。

「氣」は、「プラーナ」→「氣のエネルギー」→「オーラ」と変化していきます。

　こうして体内に取り込まれたプラーナは、「氣のエネルギー」として使われるのですが、このことによって、人は元気になります。

　こうしてエネルギーとして使われた氣は、氣の滓となって体外に出ていくのですが、この滓がオーラと呼ばれるものです。

　私たちは日頃、無意識に息を吸ったり吐いたりして、呼吸を繰り返していますね。エネルギー生成に必要な酸素を大気から血液に取り込み、二酸化炭素を体外に出す呼吸のように、プラーナを取り込み、氣のエネルギーとして使い、その役目を終えたら、オーラとして体外に排出しているのです。

ここでは、こうした氣のサイクルについて、頭に入れておいてくださいね。

氣あそびをしてみましょう

空中に浮遊しているプラーナを手のひらに集め、それを使っていろいろなことを試すことを、私は「氣あそび」と呼んでいます。道場やセミナーでも、必ず、この氣あそびをしてもらいますが、それは、これをすることによって氣感がだんだんアップし、氣を集める力も強くなるからです。それだけではなく、運気アップにもつながるようです。

では、早速、氣あそびのワークをやってみましょう。

氣あそびのワーク

プラーナを手のひらに集め、
氣のボールを作ってみましょう

1 肩幅に脚を開き、全身の力を抜いて立ちます。このとき、両腕はだらんと下に垂(た)らします。

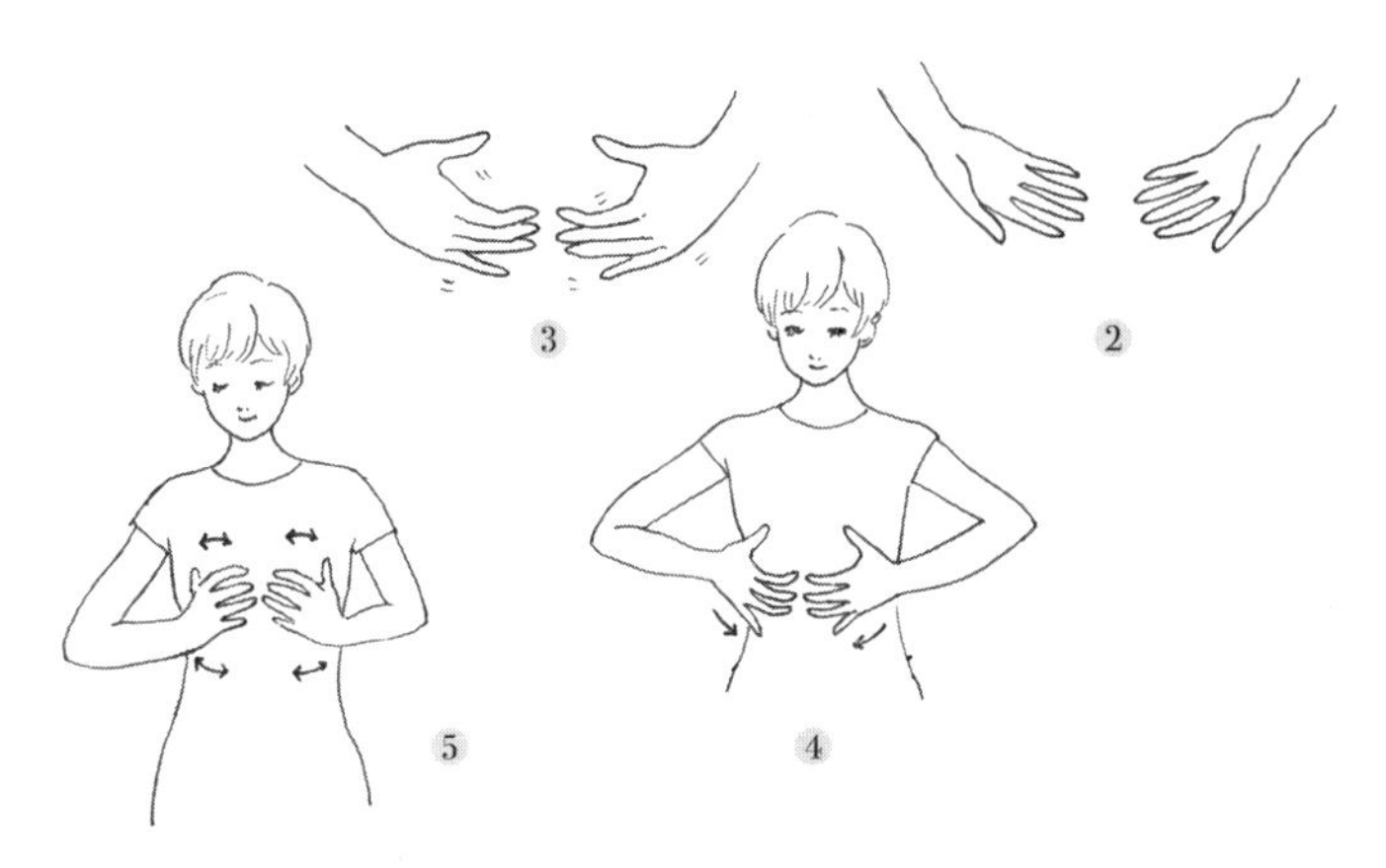

2 手のひらの力を抜いて、おへそのあたりに持っていきます。 3 手のひらをゆっくり左右にスライドさせるように動かし、次に小刻みに動かします。 4 指先はくっつけず、1㎝くらい離した状態にすると、氣のボールを両手で包んでいるような感じに。 5 氣のボールをこねるように、指先を細かく動かします。

2

次に、手のひらを胸のあたりで上向きにして広げ、最初は手のひらをピンと張り、次にスッと力を抜いておへそのあたりに持っていきます。

3

手のひらを左右にゆっくりスライドさせるように動かし、次に、小刻(こきざ)みに動かします。力は入れないようにしてくださいね。すると、手のひらがモゾモゾとしてきます。手のひらに何かがまとわりついているように感じる人もいるかもしれません。

そんな感覚があったら、それはあなたの手のひらに「氣」が集まっている証拠(しょうこ)。同時に、あなたの体内に入り込んでいる氣と、新たに集まってきた氣が磁石のようにくっついたというサインです。

4 続いて、胸のあたりで両手の指先を軽く向かい合わせるようにします。指は自然に曲げた状態にし、指先はくっつけず、１㎝くらい離した状態にします。力は入れないでくださいね。すると、氣のボールを両手で包んでいるようなふわっとした感じになります。

5 手のひらの中に集まってきた氣のボールをこねるように、指先を細かく動かします。この動作をしていると、指先から手のひらにかけて、チリチリ、モゾモゾ、ジンジンしてきます。手相（てそう）の線や手の皺（しわ）のあたりが感じやすいと思います。そのうちに、手の間にモヤのようなものが見えたり、手のひらがサラミソーセージの切り口のようなマダラ模様になったりします。

この段階になると、手のひらに包んだ氣のボールがねっとりと濃くなっていく感覚がありますので、この氣をチューインガムのように、両手で伸ばしたり、縮めたりしてあそんでください。

氣あそび　その2　氣で人を倒してみましょう

プラーナを見たり、氣あそびをしたりすることによって、氣を感じられるようになったら、次は、氣あそびの一環で、人を倒してみましょう。人を倒したからといって、ヒーリング能力がアップするというわけではないのですが、氣というものの力や感覚を養うことができます。

では挑戦してみましょう。

氣で人を倒すワーク

不思議！
触れていないのに、人が倒れます

1 氣あそびをして、手のひらに氣を集めたら、2人ひと組になり、同じ方向を向いて立ちます。後ろの人は前の人の肩甲骨（けんこうこつ）の下あたりに軽く手を添えてから、肘（ひじ）を後ろに引きます。すると、あら、不思議！　相手は、簡単に後ろに倒れてきます。

2 次に、向かい合って立ちます。相手を押す感覚で、手のひらを前に出すと、これまた不思議！　触れていないのに、相手は反対側に倒れていきます。

3 慣れてくると、1 2と同じことを、指1本でできるようになります。相手の肩甲骨の間あたりに指1本で軽く触れ、手前に離すと、まるで指で引っ張られたかのように倒れてきます。

どうでしょうか。氣で人を倒すことはできたでしょうか。

私は、人のからだは微弱の磁気を帯びていると考えています。からだの正面がプラス、背中側がマイナスだと思ってください。同じ方向を向いて立ったときは、背中側のマイナスの磁気がプラスの磁気のほうにくっついてきます。また、向かい合って立つと、プラス同士の磁気なので反発し、相手は逆の方向に倒れていくのです。

何人か並べて倒すときは、全員を氣のラインでつなぎ、氣で結ぶ感覚を作ってから、ゆっくりと押します。すると、ドミノのように順に倒れていきます。

氣あそびの一つとして、楽しみながら挑戦してみてくださいね。

氣のライン作り

これまでのワークによって、氣を感じられるようになったのではないかと思います。

こうして氣あそびを通して氣を感じることが、氣の力を使う基本になりますので、楽しみながら氣感をアップさせてください。氣感がアップすると、いろいろなことができるようになります。

では次に、指先を使って、氣のライン作りに挑戦してみましょう。

このライン作りは、セルフ・ヒーリングの基本になりますので、しっかりと感覚をつかんでくださいね。


氣のラインは、人差し指、中指、薬指の3本の指で作ります。親指と小指は、氣のライン作りでは無視してください。左手のこれら3本の指先から氣を出し、右手の3本の指先で氣を受けることで、そこに氣のラインができあがるのです。いわゆるヒーリング線です。

左手の指先から氣を出す、というのは、ほとんどの場合、氣の利き手というのは左手で、左手から出ている氣のほうが強いからです。

そして、痛みや不調を感じる箇所を、そのラインではさむようにしてヒーリングをしていきます（指先はからだから少し離します）。このとき、それぞれの指と指はくっつけないで隙間を作り、少し曲げるようにしてください。そうすることで悪いものがからだに入りにくくなり、もし右の指で悪いものを受けてしまったとしても、少し曲げた指の隙間から外へ逃すことができます。

実は、この氣のラインを患部に当てると反応するということに気づいたのは、施術をするようになったばかりの頃でした。その頃は、ヒーリング線と呼んでいましたね。

このヒーリング線は、これは本当に氣なんだろうか、と思うくらい不思議な効果が出ます。ホースをイメージしていただくとわかりやすいと思うのですが、庭に水をまくときに、ホースの先をつまんだほうが勢いよく水が出ますよね。それと同じで、手のひらを使って施術するよりも、指先でラインを作って施術するほうが、ピンポイントで、勢いよく氣を当てることができるのです。

氣のライン作りのワーク

左右の人差し指、中指、薬指で作ります

1 左右の人差し指、中指、薬指を、胸のあたりで向き合わせます。指と指の間に隙間を作り、指は少し曲げて、アーチ状にします。このとき、指や腕、肩の力は抜いておきます。

このまましばらく止めて、手のひらに感じるジリジリ、モゾモゾとした感覚を、指先に上げてください。

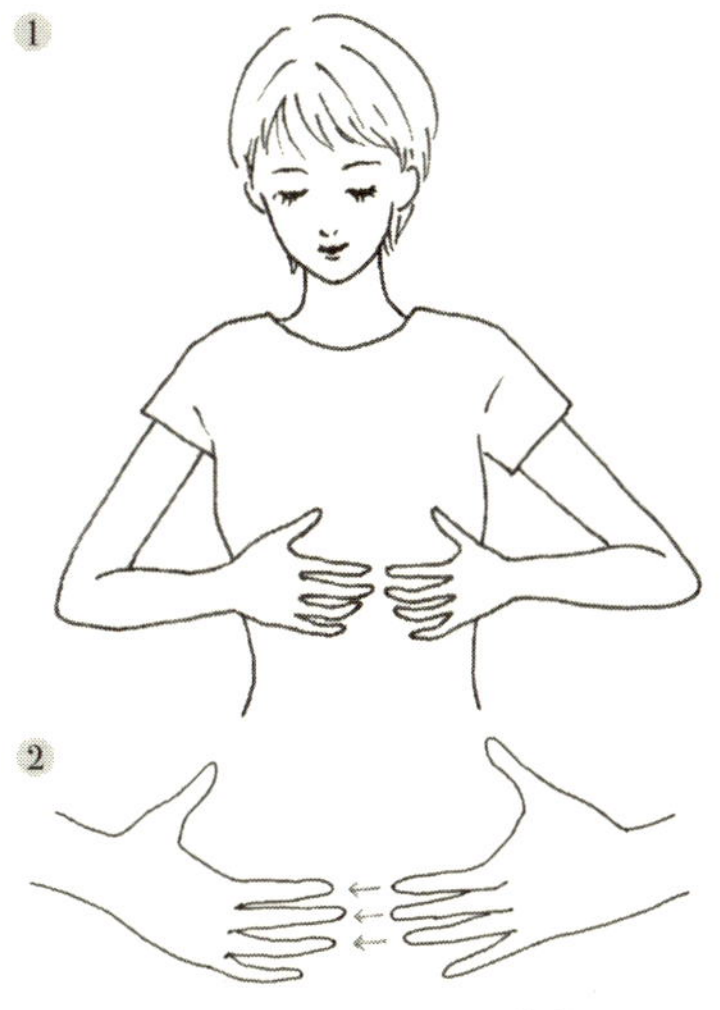

❶左右の人差し指、中指、薬指をアーチ状にして向かい合わせると、手のひらがジリジリ、モゾモゾしてきます。❷指先を軽くこすり合わせてから、ゆっくり離していきます。指先がビリビリ、モゾモゾしてきたら、氣のラインがつながった証拠です。

2 指先を軽くこすり合わせ、そのまま左右の指先をゆっくり離していきます。5㎜、2㎝、7㎝、15㎝、20㎝まで開いたら、そこで止めます。

すると、指先がビリビリ、モゾモゾしてきます。ここまでできたら、氣のラインはつながっていますので、そのことを意識しながら、この感覚を自分の中にインストールしてください。

3 力を抜いたラフな体勢(たいせい)で、左右の指先を小刻みに回転させながら、氣のラインをこねてみましょう。

じっくりこねていると、氣の密度が高くなってきますので、指先の氣のラインを、引っ張ったり、元に戻したりしてみます。このとき、人によっては白いモヤのようなラインが見えるかもしれません。かつて、このラインのことを氣のアディダスラインと呼んだりしていたこともありますが、本当にアディダスの3本線マークのように見えるのです。練習のときは、黒い洋服を着ていたほうがこのラインがわかりやすいと思います。

また、このラインの中にグリーンのモヤが見えるようになると、氣感はかなりアップしています。

さあ、このライン作りができるようになったら、いよいよヒーリングに挑戦してみましょう。セルフ・ヒーリングだけではなく、身近な誰かにしてあげるのもいいと思います。

＊氣のラインの中だけでヒーリングを行うことがポイントです。

＊ヒーリング線である氣のラインを作り、からだには触れずに患部をはさむようにして氣を当てると、反応が始まります。

氣あそびと氣のラインの違い

どうでしょうか。手のひらと指先の氣の違い、氣あそびと氣のライン作りの違いは何となくわかっていただけたでしょうか。

氣のラインとはどういうものか、どうやって作るのか、ということを理解してはじめて、強くたおやかに氣のラインを結ぶことができるようになるのですが、氣あそびのほうが面白いのか、みなさん、氣あそびの感覚を追いかけてしまう傾向があります。しかし、ヒーリングにおいて、この氣のラインはとても重要ですので、できるだけ、6本の指先を駆使してください。

では、手のひらは使わないんですか？　と思われる方もあるかもしれません。もちろん、実際のヒーリングでは使います。たとえば、広範囲な患部の場合は手のひらを使うほうが効果的です。また、指先を使っていても、手のひらは自然と氣を発しています。

基本は氣あそびで、その延長にライン作りがあります。そして、ライン作りがしっかりしてくれば、手のひらを使うヒーリングよりも、10倍以上の強い氣でつなぐことができるようになります。

また、氣の感覚は、手のひらと指先では微妙に違います。手のひらではビリビリ、モゾモゾした感覚ですが、指先で氣のラインを作ると、指先がちぎれるような感覚があります。すぐにはわからなくても、やればやるほどその域に近づいていきますので、何度も練習してください。

さらに別の言い方をすると、手のひらは氣を当てる、指先のラインは、ラインで氣をつなぎ、からだを貫いて患部である臓器をはさむ感覚です。この二つを併せて使ってくだされば、どんどん上達すると思います。

そして、ライン作りができるようになったら、実践に生かしてください。

私は常々、「(施術を) やんなはれ」と言っていますが、とにかくやってみることが大切なんです。氣あそびから氣のライン作りへと進み、何となくでもいいので氣の感覚がつかめたら、実際にヒーリングをしてみることです。

そして、ヒーリングによって効果が得られたら、自信にもつながりますし、氣の世界は、あなたに新しい扉を次々に開いてくれるはずです。楽しみにしていてくださいね。

氣を当てる前に、臓器の位置やからだの仕組みを知っておきましょう

先に書いた方法で氣あそびをし、氣のライン作りができるようになったら、不調を感じる箇所を氣のラインではさみ、氣を当てていくわけですが、その効果を高めるためにも、臓器の位置やからだの仕組みを知っておくことは、とても大切です。

私は施術をするようになってから、時間さえあれば、医学書を読んで勉強したり、人体の解剖図を見て、からだの仕組みや臓器の位置を覚えたりするようになりました。そうすることでより効果的な施術ができるからなんですが、効果的なセルフ・ヒーリングを行うために

も、臓器の名前や位置を覚えておいてくださいね。

第3章のセルフ・ヒーリングを読んでいただくと、臓器の位置やかたちを知っておくことがヒーリングにとっていかに大切かということがおわかりいただけると思います。

また、甲状腺（こうじょうせん）や肺、胃、十二指腸（じゅうにしちょう）、小腸、大腸などのように、からだの正面から氣を当てたほうがいい場合と、脾臓（ひぞう）や腎臓（じんぞう）、膵臓（すいぞう）などのように、からだの後ろから氣を当てたほうがいい場合がありますので、その点も考慮して、効果的なセルフ・ヒーリングを行ってください。

ただ、膵臓や腎臓などのように、臓器によっては手が届きにくい場合もありますね。その場合は、その臓器のあたりに手を当ててから離し、その位置やかたちを意識しながら、からだの正面からその臓器に向かって氣を当てるだけでも大丈夫です。

痛みや不調を感じる部位を、氣のラインではさむようにして氣を当てますが、セルフ・ヒーリングの効果を高めるためにも、臓器の位置やからだの仕組みを知っておくことは、とても大切です。また、臓器によって、からだの正面から当てる、背中側から当てる、といった違いがあることも覚えておいてください。

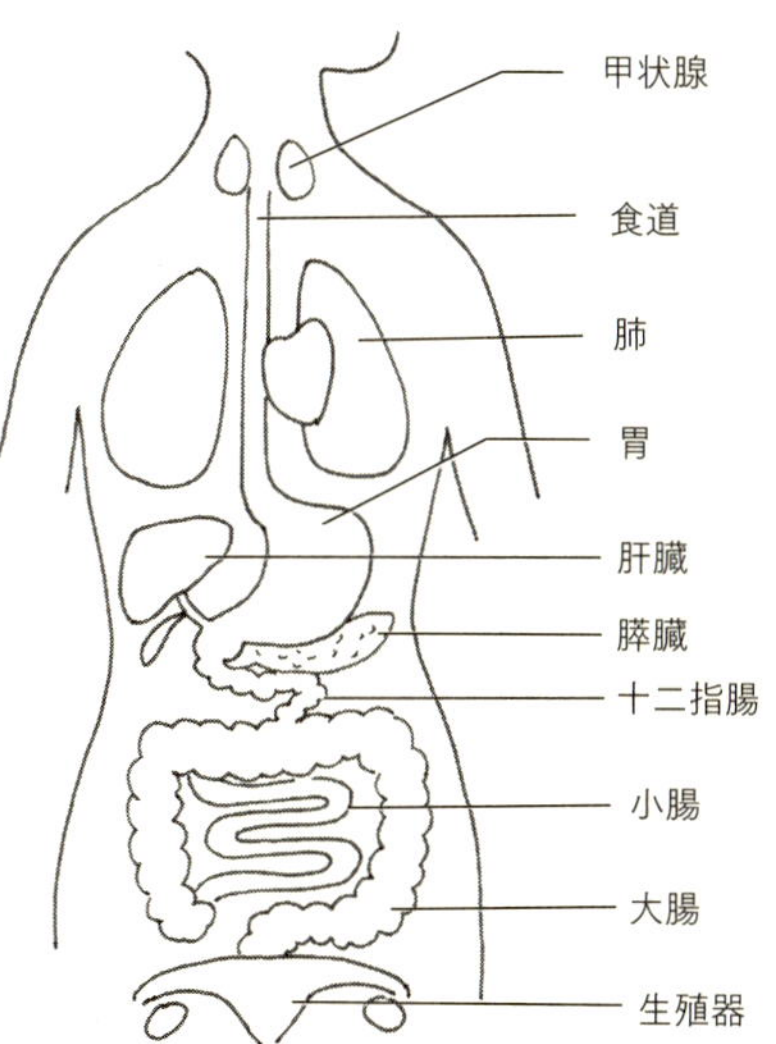

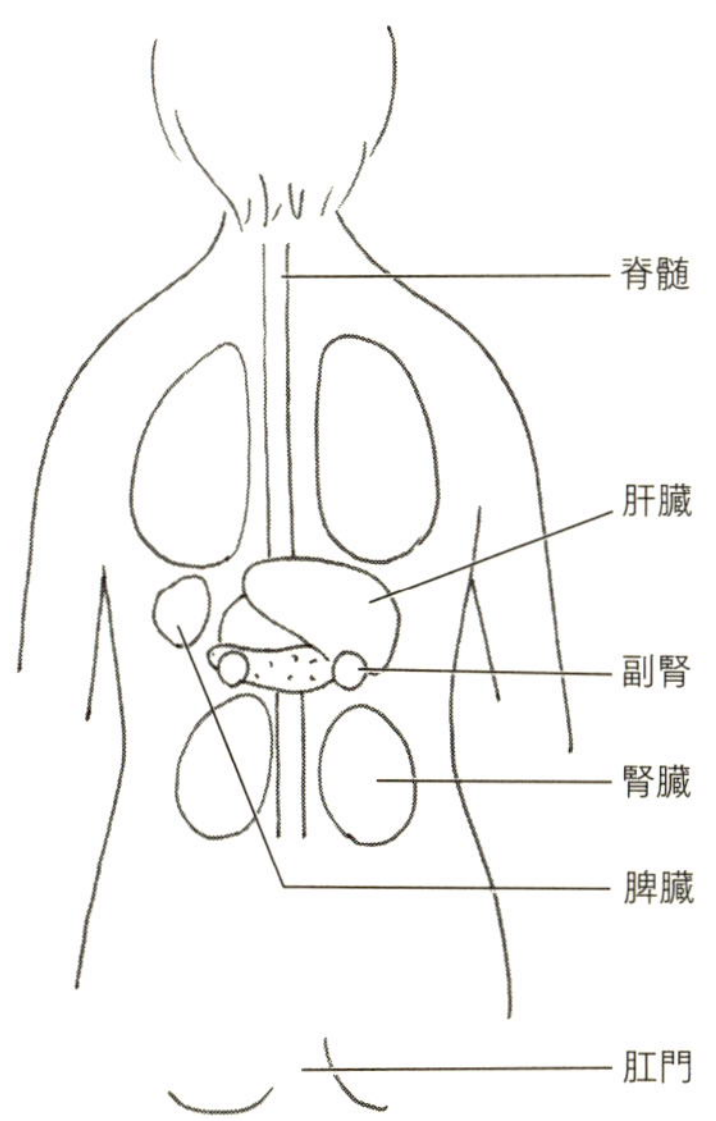

第2章

ゼロ磁場とゆりかごワーク、脾臓タッチ＆アタック

さぁ、もう氣の扉は開かれました。
ここからは、セルフ・ヒーリングにとって
とても大切なポイントとなるワークをお伝えします。

ゼロ磁場(じば)

ゼロ磁場を体験すると、
なぜかからだがふわーっと軽くなり、体調もよくなるんです

2018年1月の日記に「昨日で今月の個別指導が終わった。滅茶苦茶楽しい。ゼロ磁場の解説がとくに面白い。最高齢の門下生・山本さんの話からヒントをいただいた。今、磁場の勉強中だ」と書いていますが、みなさんは「ゼロ磁場」をご存じでしょうか。

地球は、北極(ほっきょく)がS極、南極(なんきょく)がN極の巨大な磁石のようなもの。その地表近くでプラスとマイナスの力が押し合い、互いの力を打ち消し合っている地点に生じるのが、「ゼロ磁場」と言われています。

ゼロと言っても、何もないということではなく、大きな二つのエネルギーがせめぎ合い、拮抗(きっこう)して動かない状態ということです。そして、ここに生じる強大な力が「氣場」を生み出

すのですが、こうしたゼロ磁場に身を置き、「氣」に当たることで病が回復したり、免疫力が高まったり、また、ものが腐りにくくなるなどの特殊な現象が起こると言われています。

このゼロ磁場は、活断層が多い国や地域に存在すると言われていますが、日本では、長野県伊那市の分杭峠が知られています。この分杭峠は、「中央構造線」と呼ばれる世界最大級の断層の上にあります。地底で巨大な断層同士が押し合うことで、そこがゼロ磁場になっていると考えられているのです。

この分杭峠は、強大な氣を発するパワースポットとして静かな人気を得ているらしいのですが、1995年、中国のゼロ磁場を発見した中国政府公認の気功師・張志祥氏によって発見されたそうです。氏は、ここにものすごい「氣場」を見出し、中国湖北省の蓮花山に匹敵する「氣」の噴出場所だと認定したのです。

中央構造線上には、諏訪大社、伊勢神宮、弘法大師が開いた高野山、石鎚山、幣立神宮など、古くから「聖地」として名高い場所が集中しています。ひょっとしたら古代の人々は、地球のエネルギーの存在を感じとっていたのかもしれません。

神社仏閣の境内にいるときのように、何かに守られているような安心感で満たされる。運気が上昇していくような高揚感がある。聖地に身を置いているときのように不思議な感覚が目覚めやすくなるなど、人によって感じ方に違いはあるようですが、ゼロ磁場に身を置くことで、さまざまな効果が得られると考えられています。

前置きが長くなってしまいましたが、このゼロ磁場の話を聞いたとき、もしかして施術に生かせるのでは、とひらめいたのです。施術の場にゼロ磁場を作り出し、そこに身を置いてもらうことで、かなり効果が上がるんじゃないかと思ったのです。

このゼロ磁場は、ご自宅などで試す場合、1人では作り出せませんので、ご家族のどなたかに手伝ってもらってください。

ゼロ磁場の作り方ワーク

ゼロ磁場に身を置くと、からだが軽く、温かくなります

1 Aさん、Bさんの2人が立って同じ方向を向きます。頭上がN極、足元がS極と考えます。このとき、Aさん、Bさんには、SからNへ、NからSへという、それぞれの磁場の流れがあります。

2 次に、BさんがAさんの肩甲骨の下あたりに手を触れます。すると、Aさん、Bさんの足元から頭上に、頭上から足元へと、1で説明したそれぞれのからだの周囲の磁場

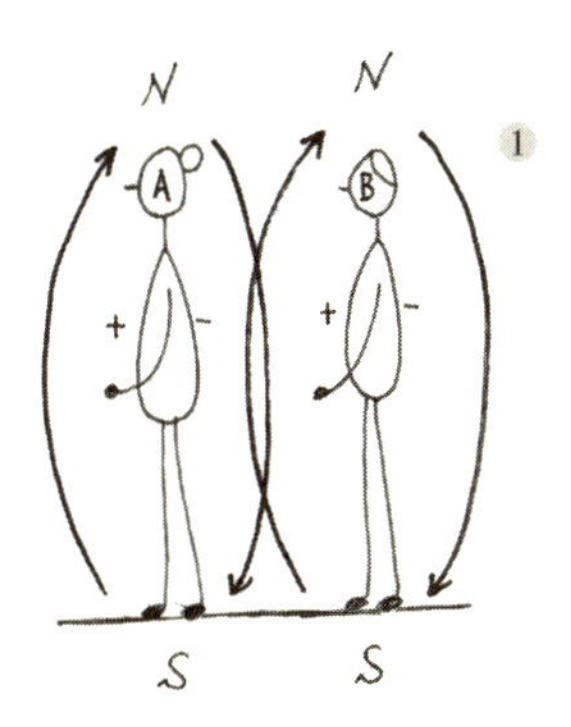

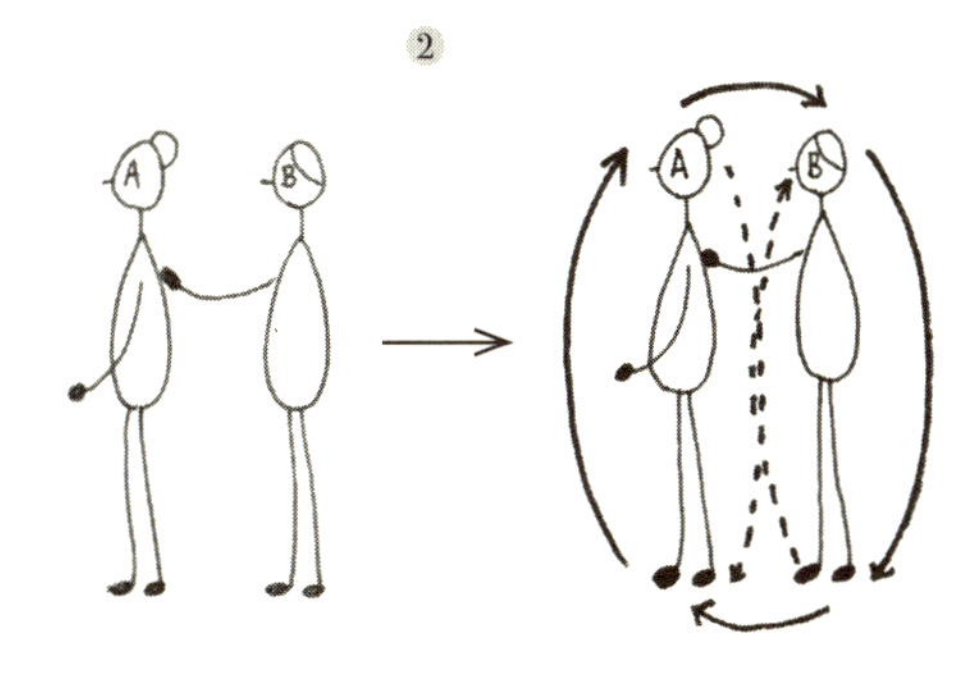

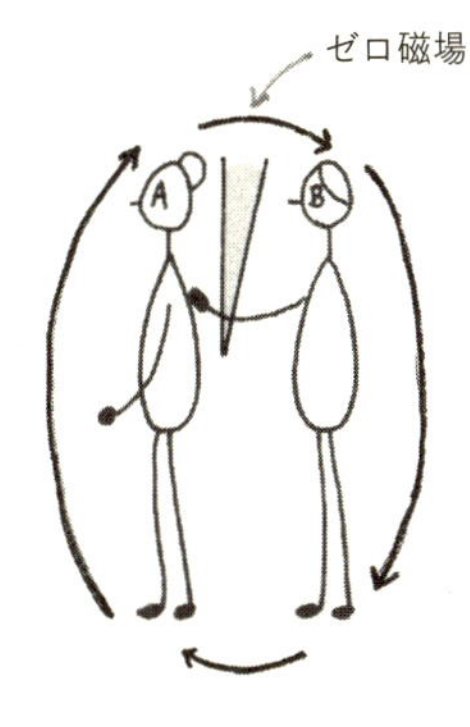

1 Aさん、Bさんには、SからNへ、NからSへという、それぞれを取り巻く磁場の流れがあります。
2 BさんがAさんの背中に手を当てます。すると、Aさん、Bさん、それぞれを取り巻く磁場の流れが同調し、2人を大きく取り巻くサークル状の磁場の流れになっていきます。このとき2人の間に、磁場が発生しない空間が生まれます。この部分がゼロ磁場になるのです。

の流れが同調を始めます。

どういうことかと言いますと、たとえば、Aさんの足元から頭上に向かう磁場の流れがAさんの足元に行かないで、そのままBさんの頭上に向かい、Bさんの磁場の流れに巻き込まれるようにして、Bさんの足元に流れるようになるのです。同じように、Bさんの足元からBさんの頭上に向かうはずの磁場の流れが、そのままAさんの磁場の流れに巻き込まれるようにして、Aさんの頭上に向かうようになるのです。

そうすると、2人の周囲に、2人を大きく包むサークル状の磁場の流れができます。

このとき、AさんとBさんの間に、磁場が発生しない空間が生まれます。そうですね、20cm幅くらいの空間です。ここがゼロ磁場になるんですね。

3

こうして、2人の磁場の流れが同調して生まれたゼロ磁場に身を置くと、からだが軽くなったような感覚があるだけではなく、ふわっと温かくなります。

のちにご紹介するゆりかごワークは、このゼロ磁場を利用して、相手をゆらしながら、何度もゼロ磁場を行ったり来たりするものです。

氣のクモの巣ネットワーク・ライン

参考までに、大阪で道場を開催したときに気づいた、氣のクモの巣ネットワーク・ラインについてご紹介します。

この日、場内にはサークル状に椅子を置いていましたので、参加者は次々にその椅子に座るのですが、結果、椅子に座った人たちのサークルができあがっていました。

そのとき、まだ開演前だったのですが、弟子のひとりが面白い遊びを始めたのです。

そのサークルの中心に人を招き入れて、立ってもらったのです。すると何かに引っ張られるような感じで、自然に後ろに倒れそうになるんですね。そこには、ゼロ磁場のような、かなり強い氣場ができあがっていました。実際、その中に入ってみると、なぜか、からだがふわーっと軽くなるんです。そのときに、やっぱりこれ、ありだわ、と思いました。

その日の参加者は80人近くだったでしょうか。

全員がそれぞれ氣のラインを作る練習をしているとき、その中心に入ってみたところ、そこはものすごい氣場になっていて、立っているのがやっとというような状態でした。

そこで、難病(なんびょう)の方に声をかけてサークルの真ん中に立ってもらい、参加者全員がその方に向かって指先から氣を送ったのですが、真ん中に立った方は、みなさんグラグラとゆれていましたね。

こんなふうに全員で氣のラインを作ると、中心に向かってクモの巣のような放射状のネットワーク・ラインができあがるみたいで、参加されているみなさんと氣の一体感が生まれました。多分、世界のどこにもないようなパワースポットになっていたんじゃないかと思います。

氣のゆりかご

ゼロ磁場のことを考えていたとき、待てよ、しんどくてからだが重い、と辛い思いをしている人の症状を、ゼロ磁場に乗ってもらうことで軽くすることはできないだろうか。たとえば、ゼロ磁場の上でゆらしてみたらどうだろう。そう思ったことがきっかけで生まれたのが、氣のゆりかごです。

私は治療家でも、整体師（せいたいし）でもないので、氣の観点からのアプローチなのですが、この氣のゆりかごを施術で試してみたところ、さまざまな症状が改善していき、こんなにも効果があるのか、と私自身、本当に驚きました。将来的に、たくさんの可能性を秘めた方法ではないかと思っています。

氣のゆりかごを体験した人からは、からだが軽くなる、からだが熱くなる、といった声が寄せられましたし、やっている私自身のからだもどんどん軽くなるんです。

この氣のゆりかご、振り子のように押したり、戻したりを繰り返すので、はじめの頃は氣の振り子と呼んでいたのですが、あるとき、施術を受けに来られた方が、「先生、これってゆりかごみたいですね」とおっしゃり、「あっ、それいいですね、まさしく氣のゆりかごですね」ということで、この呼び名が定着しました。

氣のゆりかごでは、手のひらにハートがあると思ってください

2人ひと組になり、前に立っている人を、氣で倒す要領で手前に引き寄せたり、元の位置に戻したりを繰り返しながら、振り子のように相手をゆらゆらゆらします。すると、これだけで腰痛(ようつう)が緩和(かんわ)されたり、さまざまな不思議な現象が起きたり。氣のゆりかごを試すようになってから、施術にも、さまざまな効果がみられるようになりました。

たとえばこんなことがありました。

車椅子の女性が施術を受けに来られました。その方は、自力ではなかなか歩けないけれどつかまり立ちならできる、ということでしたので、氣のゆりかごを試してみました。

すると、からだの硬直が取れて、ベルトがなくてもまっすぐに車椅子に座れるようになり、脚もかなり動かせるようになったのです。恐るべし、氣のゆりかごです。

また、受胎（じゅたい）ヒーリングや骨折、腰痛にも効果がありましたね。

同じ方向を向いて２人の人間が立つと、２人の間に磁場の流れができ、人を倒したりできるようになるのですが、前述したように、このときに、２人の磁場の流れに乱れが生じ、同調した結果、ゼロ磁場が生まれます。そのことによって、ゼロ磁場だけではないさまざまなことが起こっているのではないか、私はそんなふうに思っています。起こっている何かについて、施術を通してわかったこと。それは、オーラがきれいになることです。

たとえば、からだの周囲にオーラがまとわりついているとします。氣のゆりかごを行い、引いたり戻したりを行っていると、それがはがれるような感覚があるんですね。実際、はがれていくようなんです。じゃあ、後ろに立っている人がそれをもらってしまうのでは、と思われるかもしれませんが、そうではなく、はがれたものは上に向かい、上昇気流（じょうしょうきりゅう）に乗るような感じで後ろに飛んでいきます。

最初はこのオーラがモヤのように見えるのですが、二度、三度と氣のゆりかごを行っているうちに、オーラの濁りがなくなって澄んできます。からだが軽くなり、軸が安定するだけではなく、ゆらすことによって、悪いものもどんどんはがれて飛んでいくんじゃないかと思っています。


道場でも、氣のゆりかごのコツを徹底して教えているのですが、「手のひらはハートだからね。相手の気持ちになって、相手に安心感を与えるように」と話しています。氣のゆりかごを行い、引いたり、戻したりするとき、その人の背中から手を離さないようにすること、愛を持って支えることが大切なんですね。

あなたが誰かにやさしく触れたら、安らぎと安心感に包まれ、その感触は、温かい気持ちの流れになって、その人を包みます。そうすると、本来の自分を思い出し、持っている自然治癒力にスイッチが入るとともに、元に戻るというプログラムが作動するのかもしれません。

起こっている何か、そのもう一つは、2人の氣が同調するように、気持ちの交流のようなものが生み出す何かなのかもしれませんね。

「ゆりかごのうた」という童謡がありますよね。あの歌のように、愛に包まれて、ゆったり、ゆらゆらと眠りについていてもらうような感覚でお試しください。

この氣のゆりかごワークも1人ではできませんので、ご家族の誰かに手伝ってもらってくださいね。

氣のゆりかごワーク

手のひらはハートだと思って、
愛を持って支えてあげてください

1 Aさん、Bさんの2人が同じ方向を向いて立ち、前述の要領で、2人の間にゼロ磁場を作ります。

そのために、まず相手の背中に向いて立っている後ろの人が前の人の肩の下あたりに両手のひらを置きます。氣のゆりかごでは、置いた手は離さないことが大切です。こうして2人の間に発生したゼロ磁場を利用して、氣のゆりかごワークを行っていきます。

2 相手の肩の下に手を置いたまま、足をクロスさせて立ち、ゆっくりゆらすようにします。ゆらし方は、大丈夫？　と確認するときの動作をイメージしてもらうといいかもしれません。そうしてゆらしていると、相手の力がふっと抜けてきます。

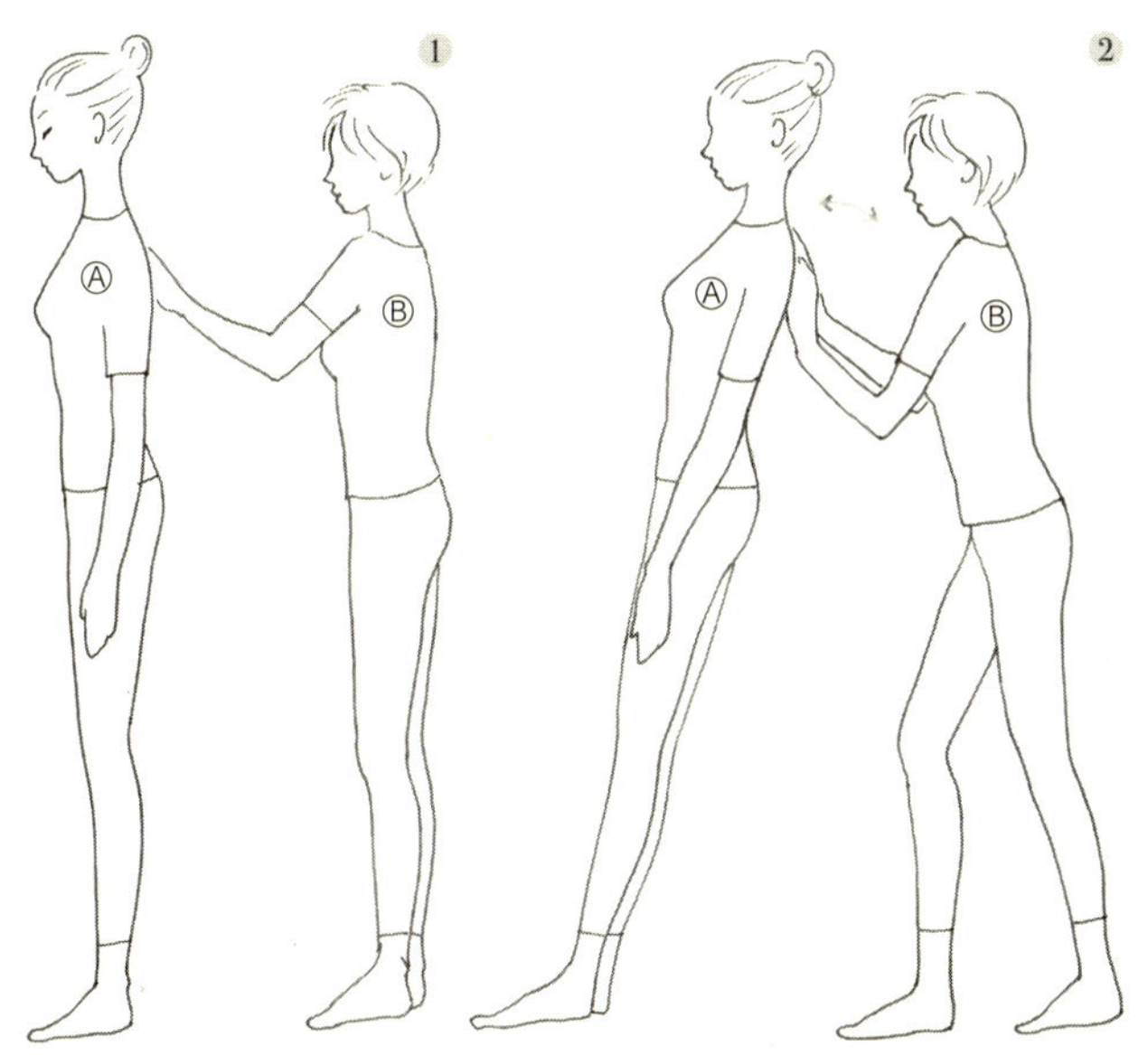

❶ Aさんの背中にBさんの手を当てると、やがて2人の間にゼロ磁場が生まれます。このワークでは、Bさんは、Aさんの背中に置いた手を離さないようにしてください。 ❷ Aさんの背中に手を当てたまま、手前に引くと、AさんはBさんの方向に倒れてきますので、それを受け止めてから、元の位置より少し手前まで戻します。こうして、引く、戻すといった動作を繰り返すことにより、Aさんは、何度もゼロ磁場を通ることになります（背中に当てた手は離さないようにしてください）。

3 力が抜けてきたことを確認したら、相手の背に手を置いたまま、ゆっくり手前に引いてください。そうすると、磁気の関係で、相手がこちらに倒れてきますので、触れた手を離さないようにして、倒れてきた相手を受け止め、やさしく元に戻します。このとき、完全に戻してしまわないで、少し手前で止めるようにしてください。

4 引く、戻すというこの一連のゆらゆらした動作を何度か繰り返すのですが、引いた手で受け止めるときは重く、戻すときはふっと軽くなることがわかります。ゼロ磁場を通るからなんですね。

この動作の中で相手を受け止める手のひらは、ハートだと思ってください。そして、手のひらが支えている相手の気持ちになり、しっかりと支えることがポイントです。こうすることで、支えている人の氣もまた、増幅(ぞうふく)されていきます。

5 このゆりかごのような動作を何度か繰り返すことによって、相手のからだが何度もゼロ磁場を通ることになります。そうですね、1、2分くらいは続けてください。

すると、からだが軽くなり、ぽかぽかとしてきて、体調がよくなったことを実感できます。

これだけでもからだの不調にかなりの効果が期待できますが、後述する脾臓タッチ&アタックとともに、この氣のゆりかごを試してからセルフ・ヒーリングを行うと、さらに効果的です。

＊人を倒せたからといって、施術ができるわけではありません。

＊手のひらはハートです。このハートで相手のことを思い、支えてあげてください。

氣あそび、氣のライン作りを通して、氣の感覚をつかんでいただけましたでしょうか。

つかんだところで、脾臓タッチ&アタックに挑戦し、続く第3章からのセルフ・ヒーリングを試してみましょう。

脾臓に強く氣を当てる、これがヒーリングの基本の基本です

脾臓は、臓器のリンパ腺の親玉とでも言うべき人体の中では最大のリンパ器官で、腸と並ぶ免疫器官だと言われています。昔は、切除しても問題はないと言われていたそうですが、最近では、切除してしまうと感染症などのリスクが高まることがわかってきました。

脾臓には私たちのからだを守るための機能が詰まっていて、脾臓を調整することで改善される症状はたくさんあると言われています。

施術を行うとき、私はまず脾臓に氣を当てます。施術を通して、まず、脾臓に氣を当てる、いわゆる「脾臓タッチ&アタック」をすると、効果が高くなることに気づいたからです。

アトピー性皮膚炎で悩む方の施術のときに、何かに導かれるようにして脾臓に氣を当ててみたところ、驚くべき改善が見られたことがきっかけでした。施術を受ける方も、私も、まるでサウナ風呂にでも入ったように、汗がポタポタと落ちたことを覚えています。

このとき、ひょっとして脾臓タッチ&アタックは、アトピー性皮膚炎だけじゃなく、他の症状にも効くんじゃないだろうか、と思い、施術の際にまず脾臓タッチ&アタックを取り入れるようにしてみたところ、果たして施術の効果が格段に上がったのです。

施術を受けに来られた膵臓ガンの患者さんたちから、ガンの進行が止まった、ガン細胞が小さくなったという報告や、肝臓に転移していたガン腫瘍が消えてしまったという報告も受けましたし、脾臓タッチ&アタックだけで低体温症が改善された方、側彎症が治って左右の脚の長さがそろってきた方もおられます。

このところの私は、脾臓の不思議について思いを巡らせているのですが、弟子の天女さんが見つけた文献に、「ヒマラヤの聖者たちは、昔からプラーナは脾臓にとどまると言っていた」という記述がありました。まだからだの仕組みも解明されていなかった時代に、聖者たちはプラーナと脾臓の関係に気づき、注目していたと知り、驚きました。

太陽光が地球に届き、大気中に発生したプラーナが体内に取り込まれると氣のエネルギーになって私たちを助けてくれる。そのプラーナが体内に入ると脾臓にたまる？　ひょっとしたら、氣のエネルギーは、ウイルスなどの外敵や腫瘍などの異物を攻撃するというリンパ球に変化しているのではないでしょうか。

太陽の恩恵がプラーナを生み出し、プラーナがリンパ球を作り出して私たちを元気にしてくれる……。だとしたら、ヒマラヤの聖者が神のお告げで聴いて現代に伝えたかったことって、もしかしたらこういうことだったんじゃないかな、と思います。

そう考えると、脾臓には秘められた大いなる可能性があるんじゃないだろうか、という仮説が、施術の結果とつながるようでワクワクしてきますし、最近では、病を救う臓器で間違いない、と思っています。

脾臓は、ちょうど胃の後ろ側にあります。わかりやすく説明しますと、左腕を脇につけて肘を曲げたとき、ちょうど肘が当たる部分の少し背中側、ちょうど胃の左裏あたりに位置している握りこぶし大の臓器です。

今、この本を読んでくださっている方は、ぜひこの機会に自分のからだに手を当て、脾臓の場所を確認してみてください。これはとても重要なことですからね。

施術をする場合、私は脾臓に左手をしばらく当ててから、左右の人差し指、中指、薬指で氣のラインを作り、左手の指先は背中側に、右手の指先はからだの正面に置いて、脾臓をからだの前後からはさむ形で脾臓タッチ&アタックをします。

しかし、セルフ・ヒーリングの場合、脾臓をはさんで氣のラインを作ると姿勢に無理がかかり、難しいかもしれませんね。この場合、脾臓に左の手のひらを当て、右手を胃のあたりに置いて脾臓を左右の手のひらではさむようにして氣を当ててもいいですし、後述するような方法で、脾臓の場所を意識しながら、正面から3本の指先を使って氣を当てるだけでもいいでしょう。体勢に無理があると、腕にストレスがかかってしまい、氣の流れがスムーズにいきませんからね。

どんな施術の場合も、この脾臓タッチ&アタックから始めると、効果が高くなりますので、まず脾臓タッチ&アタック、それから患部をヒーリングするようにしてください。

脾臓タッチ&アタックのワーク

脾臓に手を当て、
氣のラインで結びましょう

1 椅子に座り、全身の力を抜いてリラックスします。

2 左の手のひらを脾臓にしばらく当ててから離し、続いて左右の人差し指、中指、薬指で氣のラインを作り、脾臓をはさみます。左手の指先は背中側から脾臓に向け、右手の指先は正面から胃のあたりに向けて氣のヒーリング・ラインを作るのです。

ただし、セルフ・ヒーリングの場合、氣のラインで結ぶことは難しいと思いますので、脾臓のある左の肩甲骨の下、あばら骨の最後の切れ目のあたりに左手を置き、しばらくそのままにしておきます。それから手を離すと、脾臓のあたりに手の感触が残っているはずですので、その感触が残っているところを意識しながら、ちょうど左の肺の下あたりに向けて、左手の（両手でも可）人差し指、中指、薬指を、感触が残っている脾臓とつなぎます。こうし

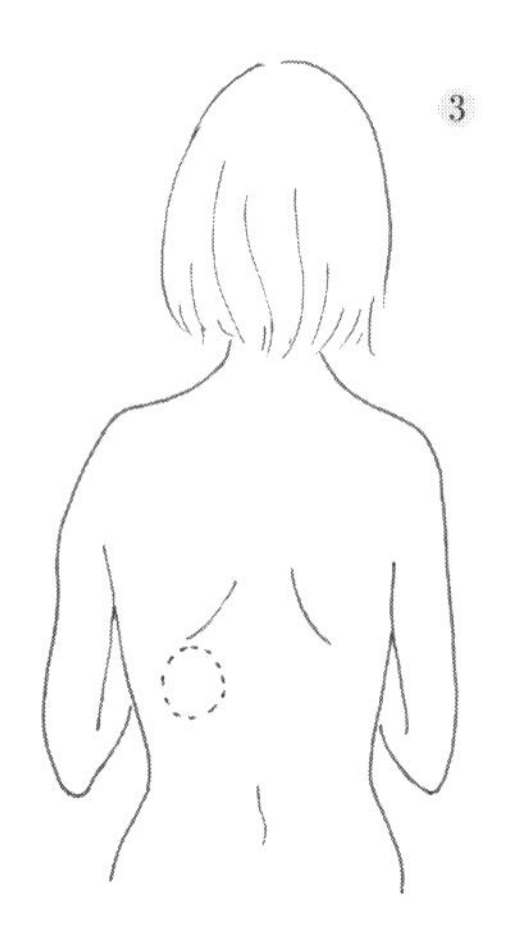

2 ヒーリングを行う場合は、まずは脾臓に氣を当てます。左手を背中側から脾臓に当て、右手はその反対側の正面に当て、脾臓をはさむようにして、氣を当ててください（からだには直接触れません）。 3 脾臓が握りこぶしの大きさだということを意識しながら、じっくりほぐすように氣を当てます。

てできたヒーリング線を使ってヒーリングをします。あるいは、左の手のひらを脾臓に、右の手のひらを胃のあたりに当て、氣をつないでもいいと思います。

3 脾臓が握りこぶしの大きさだということも意識しながら、脾臓をほぐすようにじっくりと氣を当てます。

以下、ほとんどの施術で「脾臓タッチ&アタック」が出てきますが、このやり方が基本になりますので、しっかりコツをつかんでください。

＊原則として、からだに直接触れないで、ヒーリング線を作ります。

第3章

セルフ・ヒーリング
人間は体内に100人の名医を持っています

ここまで読んでくださったあなたは、もうセルフ・ヒーリングの準備はできていますので、あとは実践するだけです。とにかく、「辛いなら、痛いなら、やってみよう、セルフ・ヒーリング」です。

辛いなら、痛いなら、やってみよう！　セルフ・ヒーリング

古代ギリシアの医師・ヒポクラテスは言いました。

「人間は体内に１００人の名医を持つ。医者のなすべきことは、その名医を手助けすることだ」

そうなんです。あなたのからだの中には１００人のお医者さんがいるのです。このお医者さんたちの助けも借りながら、セルフ・ヒーリングを行いましょう。

私は二冊目の著作『運命を変える　氣のパワー』（河出書房新社刊）の中で、こんなふうに書いています。


私たちは、病気になるとすぐに薬を飲んだり、病院に行って治療を受けたりします。つまり、病気は「薬やお医者さんが治してくれる」と信じているのです。私は医学を否定するつもりはありません。薬やお医者さんが必要な場合は、もちろんあるでしょう。

しかし、本来は、「自分の病気は自分で治す」ものだったのではないでしょうか。昔の人は、このことをよく知っていました。ヒポクラテスやお釈迦さまも「自然治癒力」について言及していますし、薬やお医者さんというのは、その人の自然治癒力を助けるものなのだと思います。

自然治癒力については、現代の科学ではまだ解明されていませんが、本来、誰にでも備わっている素晴らしい能力です。ですから、自分の中に、自分を治す素晴らしい力、ヒーリング能力があることを知っていただきたいと思います。このことを無視して、他力本願になってしまわないように、自分を治す力、自分が治る力に気づいてほしいのです。

こうした自然治癒力を助けてくれるもの、それは「氣」ではないでしょうか。氣をからだに巡らせ、氣の流れがよくなると、治癒力が高まり、人は健康になっていきます。

1日5分でもいいのです。氣を巡らせ、氣を浴びることを習慣にすれば、知らず知らずの内に氣をまとった生活を送ることになり、本来の元気な心とからだを取り戻すことができます。また、少し疲れ気味かな、体調が万全ではないな、と感じたときにも、氣を使ってセルフ・メンテナンスをすれば、病気を防ぐことができます。

ヒポクラテスが言ったように、私たちには本来、薬や栄養ドリンクに頼らなくても、自分で自分のからだの不調を治す自然治癒力が備わっています。

1日1回、たとえわずか5分であっても、氣あそびをし、氣を当てることを習慣にすれば、氣に満ちて、医者いらず、薬いらずの本来の姿を取り戻すことができます。

ちょっと疲れている、ちょっと体調がよくないな、と感じたときにも、氣を使ってセルフ・ヒーリングをすれば、体調は回復し、病気を防ぐことができるのです。

ということで、ここからは、自分で自分を治す方法、セルフ・ヒーリングの具体的な方法についてご紹介します。

ヒーリング方法はさまざまありますが、手のひらだけですと、どうしても力は弱くなります。また、氣の力には個人差がありますので、強い人であれ、弱い人であれ、氣の出口を操作することで、氣の力を使い分けることができます。

たとえば、手のひらを使うことが大きな出口、指先を使うことが小さな出口としましょう。全体には大きな出口からの氣を当て、不調箇所がピンポイントではっきりしていれば、小さな出口からの氣を当てます。また、氣の力が弱い方は、時間をかけて氣を当てれば大丈夫です。

セルフ・ヒーリングで、試していただきたいのが、氣のラインです。繰り返しになりますが、ホースの先をつまむようにして水を出せば、勢いよく、ピンポイントで水をまくことができる原理で、両手の人差し指、中指、薬指の合計6本の指先を使ってヒーリングをするのです。

逆に、とくに重大な不調はないけれど、心地よくセルフ・ヒーリングをしたいときには、手のひらを使ってやさしく包み込むようにすればいいと思います。

セルフ・ヒーリングの場合、手の届かない箇所もありますよね。

たとえば、脾臓（ひぞう）ですと、やっと手が届くという感じでしょうか。

この場合、脾臓タッチ&アタックのワーク（65頁参照）でご紹介した方法を試してください。

他の臓器の場合も、このやり方を応用して、3本の指先からのヒーリング線を使って、セルフ・ヒーリングをしてみてください。

もちろん、不調を感じた場合、お医者さんにきちんと診（み）てもらい、必要な治療をしてもらうことが大切です。そのうえで、氣の力を活用してくださいね。

＊腎臓（じんぞう）、副腎（ふくじん）、膵臓（すいぞう）など、背中側にあって手が届きにくい場合は、その臓器に左手を当てて

から離し、そこに残った感触と臓器を意識しながら、からだの正面から左の３本の指先（左右３本ずつ、６本の指先でもいいでしょう）を使って氣を当てます。

＊左右３本ずつ、６本の指先を使ってヒーリング・ラインを作ったとき、ラインが結べた！あるいは、つながった！　反対側がモゾモゾした！　という感覚があったら、あとは当てる部位に集中してみてください。

ヒーリングの三種(さんしゅ)の神器(じんぎ)

私はツボのことはよくわからないのですが、あるとき、腰に氣を当てていたら、膝裏(ひざうら)からモヤが出ているのに気づきました。何でここからモヤが出るんだろう？　と思ったことから見つけたのが、膝裏の神さまのツボです。もしかしたら、鍼灸(しんきゅう)などのツボとは少し違うかもしれませんが、指先から氣を出しながらそのツボを触ると、耐えられないくらいの激痛が走りますが、腰痛は見事に改善されます。

この神さまのツボについては後述しますが、「手のひら＆膝裏の神さまのツボ」、「脾臓タッチ&アタック」、「ゼロ磁場&氣のゆりかご」は、ヒーリングの三種の神器、セルフ・ヒーリングには非常に有効ですので、ぜひ覚えておいてください。

＊からだから噴き出してくるモヤは、足裏からだったり、膝の裏側からだったり、ときには腰や臓器の裏側にあたる背中からだったり。頭頂部(とうちょうぶ)から噴き出すこともよくあります。氣を当ててモヤが出てくる場所には「何か」があるんです。常に観察眼を光らせてヒーリングをすると、よい結果を生むと思います。
慣れは必要ですが、オーラを見る感覚に近いと思います。

このモヤを意識しないで触ってしまうと、手がかゆくなったりすることがあります。あまりよいものではないので、触れないように気をつけてください。

首をほぐす

さまざまな不調で悩んでいる人の中には、首が硬(かた)くなっている方が多くおられます。

ですから、首をほぐすだけで、不調が解消されることも珍しくありません。

首をほぐす場合、準備運動として「肩甲骨(けんこうこつ)はがし」をすると効果てきめんなのですが、セルフではできませんので、ご家族の方に手伝ってもらってください。

肩甲骨はがしのセルフ・ヒーリング

1 全身の力を抜いてリラックスし、両腕はだらんと垂らした状態で椅子に座ります。

2 施術者は、片方の手をからだの正面から肩の下のあたりに置き、もう片方の手の指先を肩甲骨の下から中に入れるようにします。肩甲骨の内側の骨膜と筋膜が癒着しているとなかなか指先が中に入りませんので、肩甲骨を少しずつずらしていくイメージで入れていくと、入れやすいと思います。こうして、肩甲骨の下に指先が入ったら、置いていたもう片方の手のひらも使って、肩甲骨をグッと持ち上げて、指先に乗せるようにしてください。
あるいは、指を入れる側の腕を曲げて、手のひらが見えるように背中に当ててもらっても、入れやすくなると思います。つまり、左側の肩甲骨をはがすなら、左腕を曲げて、手のひらが上を向くように背中に当ててもらうのです。この場合も、施術してもらう人は、からだや

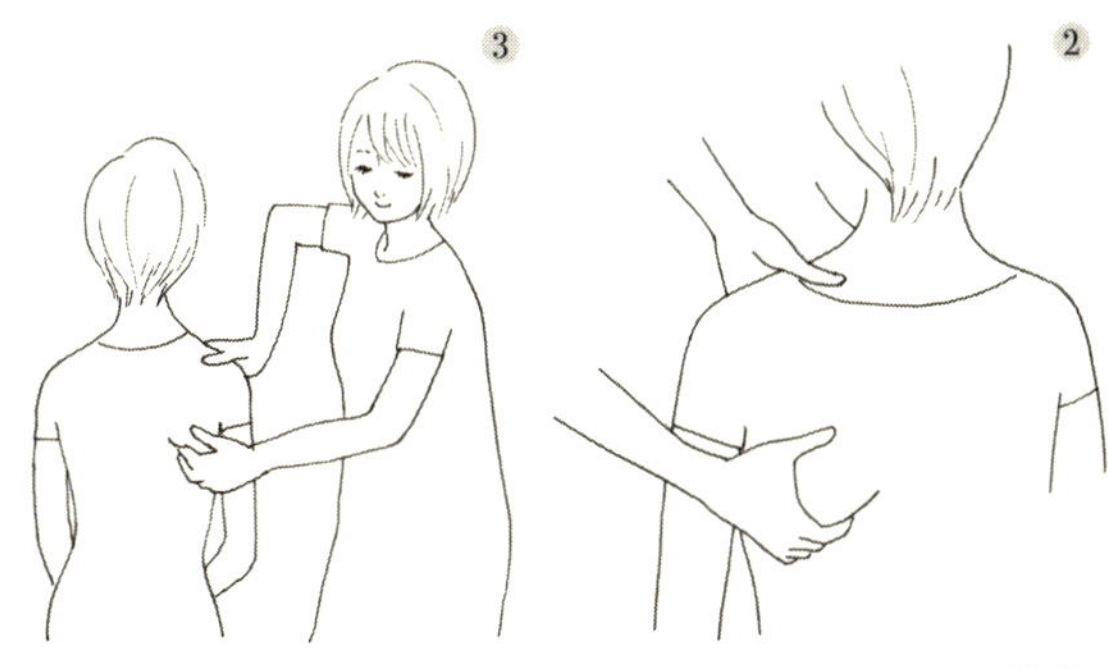

2 片方の手をからだの正面から肩の下のあたりに置き、もう片方の手の指先を肩甲骨の下から中に入れるようにします。なかなか入らない場合は、肩甲骨を少しずつずらしていくイメージで入れてください。こうして、肩甲骨の下に指先が入ったら、置いていたもう片方の手のひらも使って、肩甲骨をグッと持ち上げて、指先に乗せるようにします。　3 反対側も同様にして肩甲骨はがしをします。

腕に力を入れないようにしてください。

3 指先が入ったら、もう片方の手を正面から肩の下あたりに添え、ゆっくりと肩をまわしてもらいます。こうすることで、肩甲骨まわりにある筋膜がほぐれるのです。

4 同様にして、もう一方の肩甲骨にも指を入れ、肩をまわしてもらいます。

さあ、ここまでが首をほぐすための準備運動としての肩甲骨はがしです。

次の首ほぐしも、ご家族の方に手伝ってもらってください。

首をほぐすセルフ・ヒーリング

1 からだの力を抜き、リラックスした状態で椅子に座ります。

2 施術者は、後ろからやさしく包み込むようにして、まず右の手のひら、続いて左の手のひらを首筋に添え、氣を当てます。

3 このままの状態で、何もかもゆだねるような気持ちでからだ全体の力を抜き、リラックスすると、頭がクニャッと後ろに自然に倒れてきますので、施術者はそれをしっかりと支えます。

この動作を繰り返すことで、首が気持ちよーくほぐれてきます。

この首ほぐしをセルフで行う場合は、首筋を包むように左手を当て、右手は右の骨盤(こつばん)のあたりに置いて、やさしく氣を当ててください。

ただし、こうして氣を当てていると、眠くなることがありますので、気をつけてくださいね。

肩こりには氣でマッサージ

肩がパンパンに張っている、ビリビリ電流が通るように痛いなど、肩こりに悩む人の症状はさまざまですが、肩を揉んでもらったり、鍼治療を受けたりしてもなかなか改善されない、と慢性的な肩こりに悩んでいる人は多いですね。

どんな症状であれ、氣を流し、氣でマッサージを行うと効果的なのですが、肩こりに悩む人の多くは、肩甲骨や首が硬い方が多いようです。

準備運動として、前述の「肩甲骨はがし」（74頁参照）を行い、「首をほぐす」（76頁参照）ことで、その効果は格段にアップしますので、ぜひ、試してください。

肩こりのセルフ・ヒーリング

1 肩甲骨はがしをし、首をほぐしたら、椅子に座り、リラックスした状態で、肩をまわします。

2 両手をやさしく肩に乗せ、肩から腕に流すように、手のひらから氣を当てていきます。両手で当てるのが難しいようであれば、片方ずつ行ってください。

腰痛（ようつう）を改善する膝裏の神さまのツボ

腰痛に効果てきめんのツボがあります。このツボのことを膝裏（ひざうら）の神さまのツボと呼んでいるのですが、これは、歩いていて足がつりそうになったときに、とっさに膝裏を押したところ、症状が改善されたことで偶然に発見したものです。その後、施術を通して、このツボが腰痛に効果てきめんのツボだということがわかりました。

今や国民病の一つといってもいいくらい、腰痛に苦しんでいる人は多いのに、なかなかこれ、という決め手の治療がないのが現状です。

ひと口に腰痛と言っても、慢性的なもの、ぎっくり腰などの急性のもの、坐骨神経痛や椎間板ヘルニアなど、さまざまな症状があり、原因もまたさまざまで、腰痛人口は増える一方です。

ところが、この膝裏の神さまのツボ押しでは、驚くような結果が出ています。なぜこのツボが効くのか、なぜこのツボで症状が改善されるのかは、私自身、いまだにはっきりとわかっていませんが、実際、効くんですよね。

みなさまもぜひともこの神さまのツボ押しで、腰痛とさよならしてください。

腰痛のセルフ・ヒーリング

腰痛に効果てきめんの膝裏の神さまのツボ。
・内側→坐骨神経痛など、お尻経由の腰痛（短いライン）。
・真ん中→内臓からくる腰痛（ポイントそのもの）。
・外側→腰そのものが原因の腰痛（長いライン）押してポイントに当たると、かなりの痛みを感じますので、そこを左手で押します。

1 イラストを参考にして、膝裏の神さまのツボを探してください。

このツボは、膝の少し下の裏側、つまりふくらはぎ側にあります。

押すポイントとしては、内側、中央、外側と3か所あるのですが、まずはすべてのツボを押してみてください。腰痛の人は、このうちのどれかに必ず当たります。これ、というツボに当たると、飛び上がるくらいの激痛を感じるはずです。とにかく、痛みを感じる場所が押すポイント、と覚えてください。

2 ポイントがわかったらツボ押しをしていきますが、この3か所のツボは、症状によって、押すポイントは異なります。

まず、外側。ここは、いわゆる腰痛。腰そのものが悪いときはここを押します。

次に、中央。ここは、内臓からくる腰痛。腎臓、肝臓、膵臓などの影響による腰痛の場合はここを押します。

そして、内側。坐骨神経痛など、お尻経由での腰痛の場合はここを押します。

それぞれのツボには特徴がありまして、外側は長く、内側はなぜか短いラインになります。

そして、中央のツボは、ラインではなく、そのポイントそのものです。

原因がわからない場合でも、どのツボに痛みがあるかによって、これは腰そのものなんだな、とか、内臓からきているんだな、といったこともわかります。

3 セルフで押す場合は、右手を腰に当て、左手の指を使って押します。ポイントに当たるとかなりの痛みを感じますが、痛いということは効果があるということですし、痛みがあるほど、早く改善されるようです。

耳鳴り・頭痛・つわりに効く手のひらの神さまのツボ

半身麻痺(はんしんまひ)の方の施術で、何とか動けるようになってほしいという思いで、氣を使って施術ポイントを探したとき、ここだ！　とひらめく場所がありました。それは、手のひらの人差し指と中指の中間を手首の方に下がったあたりだったんですが、なぜか指がそこに入ってしまったんです。すると、その方が飛び上がるほど痛がったんですね。痛みを感じるということは何らかの効果があるということですし、これまでの施術の経験上、痛いとドンドンよくなってゆくことがわかっていましたので、調子にのってさらに刺激してみたら、何と、麻痺していた箇所が動くようになったんです。偶然とはいえ、何でここに指が入ったんでしょうね。

そのことがあってから、もしかして麻痺の人にはここが秘孔なんじゃないかな、と思うようになりました。

以後、これはなかなか難しいなあ、という症例に出合ったときは、このツボを試してみるようになりました。その結果、耳鳴り、目の病気、頭痛、つわり、多動症（ADHD）などに効果があることがわかりましたが、脳が関係する症状にはとくに効き目があることがわかりました。

また、右の手のひらの神さまのツボは左の脳、左の手のひらの神さまのツボは右の脳と関係しています。

ツボを見つけたら、
グッとスライドさせるように押していきます

耳鳴り・頭痛・つわりのセルフ・ヒーリング

1 まず、手のひらの神さまのツボを探しましょう。

手のひらを見てください。人差し指と中指の付け根の真ん中あたりを手首のほうに下がると中手骨と呼ばれる骨がありますが、その先端の大きな骨のすぐ下のあたりに少しくぼんだところがあると思います。ここが神さまのツボです。

手の甲の側から説明しますと、人差し指と中指の中手骨のくぼみの部分を親指（甲側）と人差し指（手のひら側）で押さえるようにすると、人差し指が当たる部分が神さまのツボになります。

そんなに強く押さなくても、ここに指が入ると、飛び上がるほどの痛みを感じます。

2 次に、このツボを押してみましょう。

このツボは、押そうと思っても、筋肉がツボをガードしているというか、筋肉にはさまれているような感じになっていますので、最初は骨をより分け、肉をより分けていくようにして、指のほうに向かってググッとスライドさせるようにしないと指が入っていきません。私は「肉割り」と呼んでいますが、こうして、人差し指に向かって押し上げるようにして押してください。

このツボは押しやすい場所にありますので、脳に関係する症状、耳鳴り、頭痛、つわりなどで辛い方は、

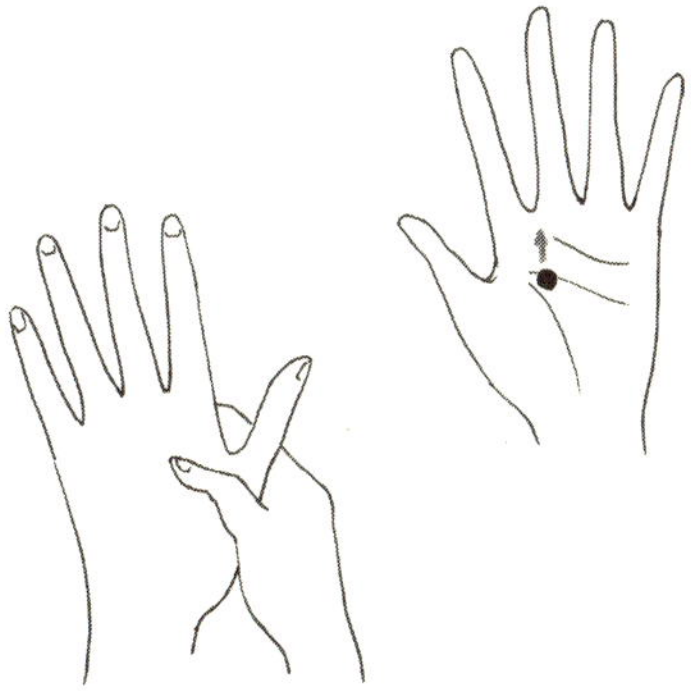

手のひらの神さまのツボ　手のひらの●印のあたり、少しだけくぼんだ部分にあるのが神さまのツボ。押してもなかなか指が入っていきませんので、指のほうに向かってググッとスライドさせるようにして押してください。ツボに指が入ると、飛び上がるほどの痛みを感じますが、耳鳴り、頭痛、つわりなどにかなりの効果が期待できます。

仕事中でも、電車の中でも、1日に何度でも押してみてください。きっと楽になると思います。

白内障(はくないしょう)は氣の力で濁(にご)りをとる

白内障というのは、要するにレンズが白濁(はくだく)しているわけですから、いろいろな理由があるにせよ、氣の力で濁りを取り除くことがポイントです。

そのための練習方法です。

ウーロン茶の味が変わり、色が透明に⁉

指をマドラーにして
ウーロン茶をかき混ぜます

1 コップの中に、ウーロン茶を半分くらい注いでください。

2 左手の人差し指、中指、薬指の３本で氣のマドラーを作り、**1**のウーロン茶をイメージでよーくかき混ぜてください。

そうすると、まず、味は簡単に変わります。

3 そこからさらにかき混ぜていくと、ウーロン茶の色がだんだんと透き通ってきます。

まずはこの練習をして、３本の指のマドラーでウーロン茶を透明にしたことを、頭の中に

左手の人差し指、中指、薬指の指先から出る氣をマドラーに見立てて、コップに入ったウーロン茶をよーくかき混ぜてください。すると、あら不思議、ウーロン茶の色がだんだん透き通ってきます（お茶に指先は触れません）。

インストールしてください。

インストールできたら、実際に白内障のセルフ・ヒーリングを行ってみましょう。

白内障のセルフ・ヒーリング

左手の3本の指先を
小刻(こきざ)みに動かしながら氣を当てましょう

1 白内障の場合、まず、右手の指先を後頭部に持っていき、左手の指先で眼球全体に氣を当てながら、眼球をほぐします。

2 目のレンズは前のほうにありますので、眼球の前側を意識し、左手の3本の指先を小刻みに、震わせるように動かしながら、目のレンズだけに氣を当てていきます。目は開けていても、閉じていてもかまいません。

3 レンズ内に何らかの変化を感じたら、手のひらで目を覆うようにし、濁りを吸い取るような気持ちで、手のひらを近づけたり離したりしてみてください。

このヒーリングは、感覚をつかむのが難しく、私自身、やり始めた当初は、なかなか成果が現れませんでした。

しかし、何度も何度もトライするうちに、レンズ内に何らかの変化が現れるようになりました。みなさまも、あきらめず、トライしてみてください。コツは、小刻みに震わせながら氣を当てることです。

ただし、糖尿病（とうにょうびょう）からくる白内障に関しては、脾臓、膵臓、肝臓をちゃんとほぐしてから行うほうがより効果的です。順番としては、脾臓↓膵臓↓肝臓になります。89頁の糖尿病のセルフ・ヒーリングを参考にしてください。

花粉症（かふんしょう）の辛い症状を和らげる

日本人の4人に1人が花粉症だといわれています。

くしゃみ、鼻水、鼻づまりといった三大症状だけではなく、かゆみ、涙、充血（じゅうけつ）などの目の症状を伴う場合も多く、その他にも、喉（のど）のかゆみ、皮膚のかゆみ、熱っぽい感じなどの症状が現れることがあります。

最近は、スギやヒノキの花粉の季節だけではなく、通年性のアレルギー性鼻炎や複数の花粉に反応する人も増えており、ほぼ1年中くしゃみ・鼻水・鼻づまりや目のかゆみ・異物感に悩まされるという人も少なくありません。

花粉症の季節には、目や鼻をいたわることも大事ですが、セルフ・ヒーリングもぜひお試しください。

花粉症のセルフ・ヒーリング

鼻がスッと通ってきます

1 椅子に座り、全身の力を抜いてリラックスし、まずは脾臓タッチ&アタック（65頁参照）をし、脾臓をていねいにほぐします。

2 32頁の要領で氣あそびをし、氣を帯びた手で顔全体を包み込むようにして、鼻を覆(おお)います。目・鼻・口に氣を集めて包み込むような感じです。

3 この状態でしばらく鼻呼吸を繰り返すと、鼻がスッと通ってきます。

糖尿病は脾臓タッチ&アタックから

施術の依頼が多いのが、男性は糖尿病、女性は甲状腺の病気です。なかでも糖尿病は、現代の医学でも治りにくい病気の一つとされていますが、ぜひ、セルフ・ヒーリングをお試しください。

糖尿病の場合も、まずは、脾臓タッチ&アタックから始めます。

脾臓を氣でほぐしたら、膵臓→肝臓→左右の腎臓の順番で氣を当てていきます。

糖尿病のセルフ・ヒーリング

1 椅子に座り、リラックスした状態で、脾臓タッチ&アタックをし、脾臓をほぐします(65頁参照)。

2 次に膵臓に氣を当てます。脾臓のちょっと上、タラコのようなかたちをした臓器で、胃の裏あたりに位置しています。

左手の3本の指先を膵臓のある背中側、右手の3本の指先を胃のあたりに持っていき、膵臓をはさむように氣のラインを作り、じっくりと氣を当てていきますが、この体勢が難しいようであれば、左手を膵臓にしばらく当ててから手を離し、膵臓のあたりを意識しながら、からだの正面から左手の3本の指先で時間をかけて、じっくり氣を当てていきます。

3 次に、肝臓に氣を当てます。肝臓の場合も、左右の指先ではさむようにして氣のラインを作り、氣を当てていくのが理想的ですが、セルフ・ヒーリングの場合は、膵臓の場合と同じように、背中側から肝臓のあるあたりに左手をしばらく当ててから手を離し、その手の感触を意識しながら、からだの正面から左手の3本の指先を使って肝臓に氣を当てます。

4 最後に、腎臓をはさむようにして氣のラインを作り、当てていきます。腎臓の場合も、左右それぞれの腎臓のあたりに手のひらをしばらく当ててから離し、そこを意識しながらからだの正面から、両方の指先を使って氣を当てます。腎臓は左右にあるので、片方ずつ行います。

＊それぞれ、3分から5分くらい氣を当てて、じっくりほぐしてください。

＊手が届かない場合は、その臓器に手のひらをしばらく当ててから離し、その臓器を意識しながら、からだの正面から左手の3本の指先（左右合わせて6本の指先でもいいでしょう）を使って氣を当てていきます。

甲状腺疾患

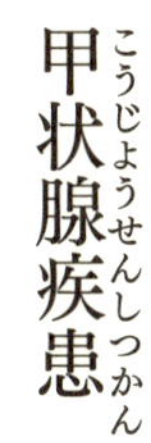

甲状腺は、首の喉仏の下、鎖骨の上あたりにあり、蝶のようなかたちをしています。手のひらを使ってヒーリングをする場合は、左手で全体を覆うようにし、指先を使う場合は、両手のそれぞれ3本の指先で、左右それぞれに氣を当てるようにします。

甲状腺の病気は、主にホルモンの分泌異常や、甲状腺そのものの炎症等で起こりますが、いずれも女性に多いことが特徴です。

甲状腺は首の喉仏の下、

鎖骨（さこつ）の上あたりにあり、大きさは、縦が４㎝ほどの蝶（ちょう）のようなかたちをしています。甲状腺は、男性と女性では大きさや位置が若干異なります。男性の甲状腺は、一般的には女性の約１・５倍の大きさで、位置も女性の甲状腺と比べると、かなり下のほうにあります。

甲状腺はホルモンバランスに関係しますので、そのバランスが崩れると、怒りっぽくなったり、イライラしたり、急に太ったり、痩（や）せたりします。

甲状腺のセルフ・ヒーリング

1 椅子に座り、全身の力を抜いてリラックスし、脾臓タッチ＆アタックを行い、脾臓に氣を当ててほぐします。

2 次に、甲状腺に氣を当てます。

甲状腺は蝶のようなかたちをしていますので、手のひらを使う場合は全体を覆うようにし、指先を使う場合は、両手の人差し指、中指、薬指の３本の指先を、左右それぞれに当てるようにします。

施術のときは、甲状腺と首の後ろをつなぐようにして氣を当てますが、セルフで行う場合、この体勢だと腕にストレスがかかってしまいますので、正面から甲状腺に当てるだけでもいいでしょう。

＊どんなセルフ・ヒーリングでも、腕や指先にストレスをかけないことが一番重要です。

高血圧(こうけつあつ)には副腎がポイント

高血圧と診断される方は多いですね。とくに年配の方からは、高血圧の薬が手放せません、という声が多く聞かれます。

高血圧症のセルフ・ヒーリングのポイントは、脾臓と副腎です。

まず、脾臓タッチ&アタックから始め、次に副腎に氣を当てます。これまでの経験から、高血圧症の方には、副腎に氣を当てると効果的だということがわかったからです。

高血圧のセルフ・ヒーリング

1 椅子に座り、全身の力を抜いてリラックスし、脾臓タッチ&アタックを行い、脾臓に氣を当てます。

2 次に、副腎に氣を当てます。

副腎は、左右の腎臓の上にありますので、腎臓の場合と同じ要領で（90頁参照）、片方ずつ氣を当てます。

氣を当てていくと、急に血圧が低くなることもありますので、ゆっくり、ていねいに氣を当ててください。

副鼻腔炎を改善する

副鼻腔とは、鼻の周辺にある空洞のことであり、鼻腔と細い管でつながっています。副鼻腔炎というのは、副鼻腔を覆っている粘膜が何らかの原因で炎症を起こしている病気のことです。副鼻腔の鼻水が行き場を失って化膿状態にあり、それが上へ上へと上がっていき、脳の神経を刺激しているんですね。

ですから、両方の鼻腔→眉間→鼻の順番に氣を当てていきます。

副鼻腔炎のセルフ・ヒーリング

1 両方の鼻腔の痛む箇所に、左手の3本の指先を使って氣を当てます。

2 次に、左手の3本の指先を鼻腔に、右手の3本の指先を後頭部に持っていき、左右の鼻腔、それぞれに同じように氣を当てます。

3 眉間のあたりから少し上にかけて、両手の指先で、ゆっくりと強弱をつけながら氣を当て、炎症を和らげていきます。

4 最後に、左右の手の6本の指先を使い、眉間の上から下に、膿(うみ)を下げていくような心持ちで、下にスライドさせながら氣を当てます。こうすることで、鼻腔と副鼻腔の間が開通し、症状が改善されます。

頭痛(ずつう)の痛みを軽減する

頭痛で苦しんでいる方も多いですね。慢性的な頭痛で悩んでいる、いわゆる「頭痛持ち」の方の中には、頭痛薬を服用している方も多いようですが、ぜひ、セルフ・ヒーリングを試してみてください。痛みの軽減(けいげん)に役立つと思います。

頭痛のセルフ・ヒーリング

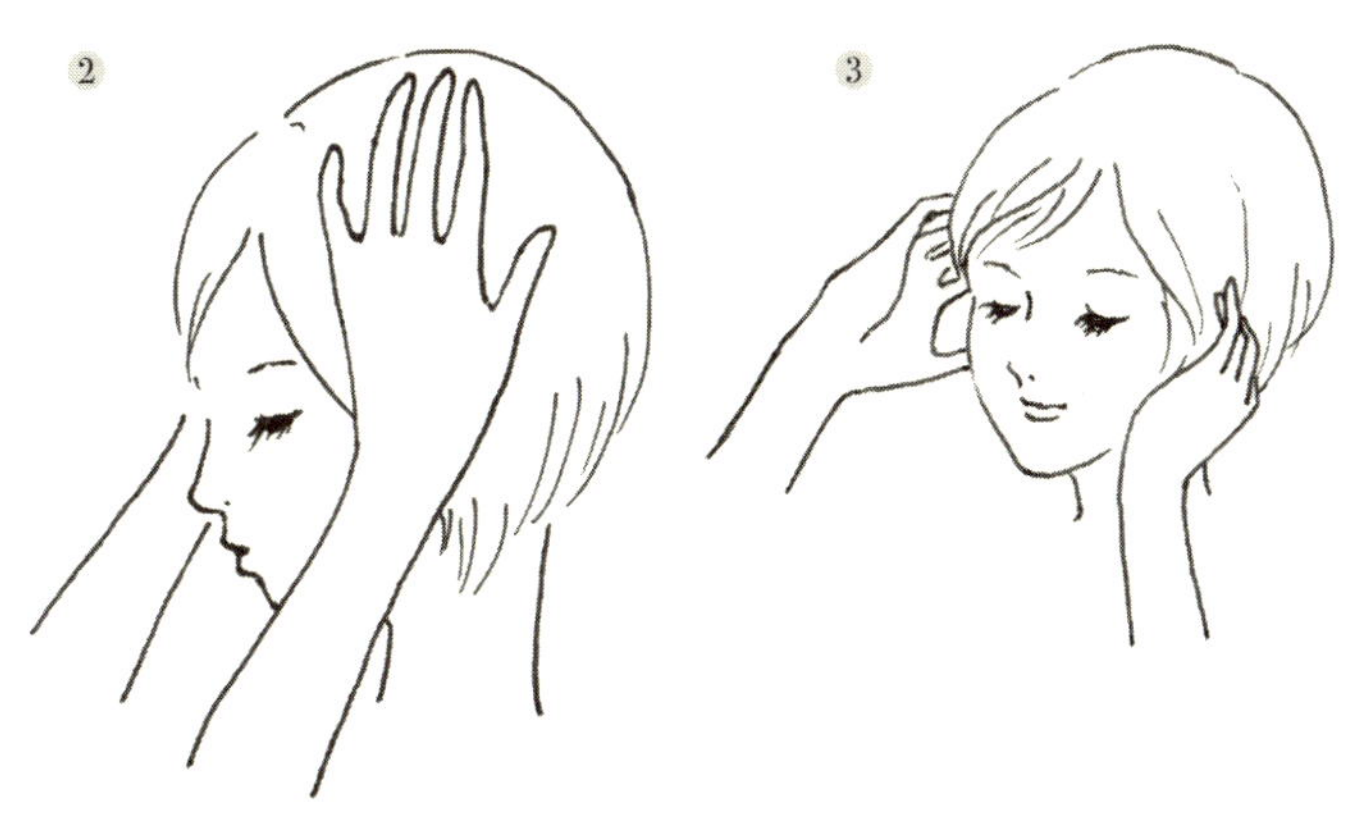

2 耳の上あたりを両手ではさみ、両手で押すようにして側頭部から圧をかけ、頭蓋骨のずれを整えます。3 痛む部分を氣のラインではさむようにして氣を当てていきます（頭には直接触れません）。

1 椅子に座り、からだの力を抜いてリラックスします。

2 頭痛持ちの方は、頭蓋骨がずれている場合が多いので、耳の上あたりを両手ではさみ、両手で押すようにして、側頭部から圧をかけます。15秒くらいすると、頭蓋骨が整ってきます。

3 痛いところを氣のラインではさむようにして氣を当てていきます。このとき、左右の指先がしっかりと向き合っているようにしてください。しばらく氣を当てていると、少しずつ痛みが引いていきます。

＊頭痛に伴い、めまいがある場合は、耳の後ろ

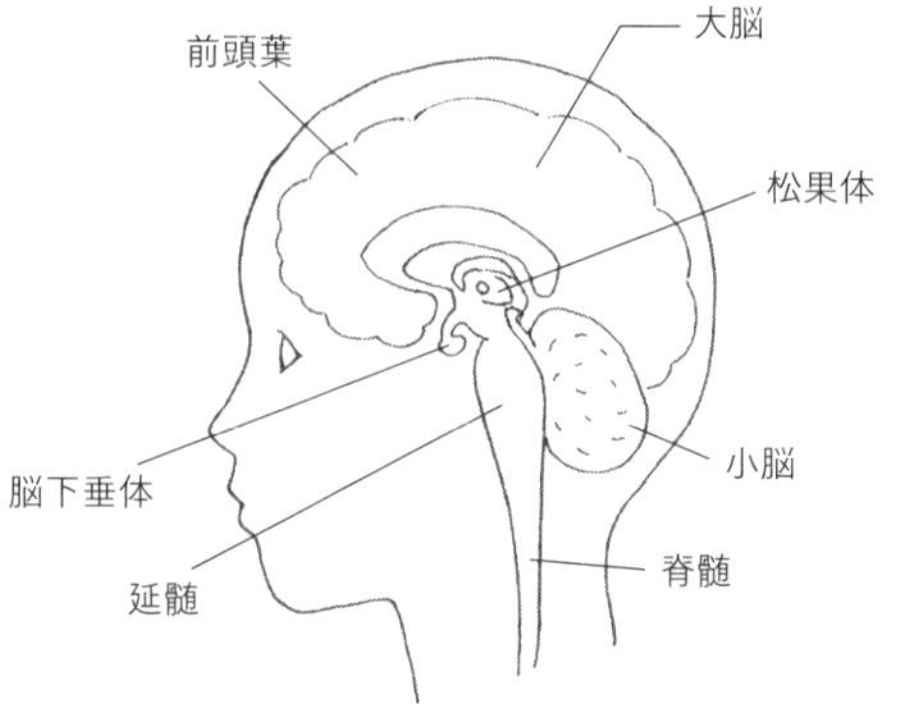

あたりにある小脳を後頭部側から氣のラインではさむようにして氣を当てていきます。その後、前側から小脳を氣のラインではさみ、同じように氣を当てていきます。このとき、耳の中へも当てることを意識しながら、範囲を広げて氣を当ててください。

脳や頭のヒーリングを行うときは、前頭葉、脳下垂体、小脳などの位置をきちんと把握しておくことが大切です。

辛い不眠の症状を和らげる

眠りは健康のバロメータ。健康なからだを維持するためにも、非常に大切なものです。

不眠の原因としては、食べ過ぎ、飲み過ぎ、自律神経の乱れ、といった問題から、服用してきた不眠用の薬が効かなくなってきたというような深刻なものまで、さまざまなケースがありますので、このヒーリングがいい、とは一概には言えない部分があるのですが、基本的には、交感神経と副交感神経のバランスを整えることで、辛い不眠の症状を改善することができます。

ただ、睡眠は長ければいいということではなく、大切なのはその質です。

そして、自律神経の働きが整ってくれれば、朝はスッキリ目が覚めて、夜は眠くなるようになります。人間のからだは、もともとそういうふうにできているのです。

不眠を改善するためには、前頭葉（ぜんとうよう）→延髄（えんずい）→脳下垂体（のうかすいたい）→松果体（しょうかたい）の順に氣でほぐし、自律神経の働きを整えるヒーリングを行います。

ぐっすり眠るためのセルフ・ヒーリング

1 椅子に座り、全身の力を抜いてリラックスし、脾臓タッチ＆アタックを行って、脾臓に氣を当てます。

2 次に、左右の手の3本の指先で氣のラインを作り、脳全体をほぐすように氣を当てていきます。
まず、前頭葉、次に延髄、続いて、脳下垂体、松果体の順に、氣でほぐしていきます。前頭葉は、左右の側頭部を氣のラインで結び、ほぐすようにして氣を当てます。

後頭部の下部に位置する延髄は、左手の指先を後頭部に、右手の指先を額のあたりに置いて氣のラインで結び、ほぐすようにして氣を当てます。
脳の中央に位置する脳下垂体や松果体は、左手の指先を眉間のあたり、右手の指先を後頭部に置いて氣のラインで結び、ほぐすようにして氣を当てます。

もう一つ、拙著『運命を変える　氣のパワー』(河出書房新社刊)でも紹介した方法をここでもお伝えしますので、不眠解消や疲労回復にぜひお試しください。

1 仰向(あおむ)けに寝ます。できれば、足首は布団(ふとん)から出したほうが効果が上がります。

2 仰向けに寝たまま、手のひらを上に向けて、天空から氣のシャワーが降り注ぐイメージをし、草原にでも眠っているような感覚を持ちます。

3 腹式呼吸(ふくしきこきゅう)をし、鼻から息を吸って口から息を吐きます。このときに足裏から息を吐くイメージを持ってください。

4 この呼吸を2～3回繰り返すと、足裏がピリッとしてきます。

5 普通の呼吸に戻し、その感覚を追いかけてください。そうすると、ピリッと感がだんだんと増してきたり、しびれたようになってくると思います。こうして足裏に意識を集中しているだけで、ものの2～3分以内で深い眠りにつけます。

また、昼寝に用いますと、わずか数分寝ただけで、何時間も眠っていたかのような状態になりますし、夜は、とくに深く眠れるようになってきます。

体温を上げて、免疫力(めんえきりょく)アップ

健康的な人の平熱は36度5分～37度1分といわれていますが、みなさんは、自分の平熱(へいねつ)をご存じですか?

実は今、36度以下という低体温症(ていたいおんしょう)の人が増えているそうですが、人間のからだは、本来、

36度5分以上で正常に働くようにできています。ですから、体温が1度下がると、免疫を司(つかさど)る白血球(はっけっきゅう)の働きが30％以上もダウンし、免疫にかかわる腸の働きも低下します。また、ガン細胞は35度で最も増殖するとされています。

こうしたことから、低体温は、生活習慣病やアレルギー、うつ、ガンなど、さまざまな病気を引き起こしてしまうと考えられます。しかし、体温を1度上げると、免疫力は5～6倍もアップするそうです。

施術会場にも低体温で悩んでいる人が来られることがありますが、その際の施術のポイントは、脾臓と脳です。

体温を上げるセルフ・ヒーリング

1 まずは脾臓タッチ&アタックをし、脾臓にじっくり氣を当てます。

2 その後、眉間(みけん)のあたりに左手の3本の指先、その反対側の後頭部に右手の3本の指先を持っていき、脳の真ん中あたりにある脳下垂体(のうかすいたい)をはさむようにして氣を当て、ほぐします。

脳下垂体は、さまざまなホルモンの働きをコントロールしており、大きさはえんどう豆程度。前葉と後葉からホルモンを分泌し、生体の機能維持を司っています。

3 次に、脳下垂体に側頭部から気を当てます。耳の上あたりを左右の手の3本の指先ではさむようにして氣のラインを作り、当てていきます。

＊氣のラインを作ったときの指先は、必ず向かい合うようにしてください。

＊このヒーリングをしていると、ぼーっとなって眠くなる場合があるので、気をつけてください。

冷え症を改善して、からだによい氣を巡らせる

多くの女性が悩んでいる冷え症。夏でも上着が手放せず、冬になると指先や下肢がしびれ

るほどの冷えに耐えている方も多く、また、肩こり、頭痛、胃腸症状、倦怠感など、冷えが原因による体調不良で悩んでいる方も多いようです。

冷え症のセルフ・ヒーリングは、上半身から足首まで、上から順番に、広い範囲に氣を当てていくことがポイントです。こうすることによってからだ中によい氣が巡ると同時に、滞っていた血行もスムーズになります。

冷え症のセルフ・ヒーリング

1 椅子に座り、全身の力を抜いてリラックスし、脾臓タッチ&アタックをします。そのまま2、3分ほど氣を当てていると、脾臓のあたりがじんわり温かくなってきます。人によっては、全身が温かく感じる人もいます。

2 次に、首と肩のラインが交わる部分に左手で氣を当てます。この部分は、風邪をひいたときなど、ゾクゾクするポイントです。セルフで行う場合は、左の手のひらを当てておくだけでも大丈夫です。

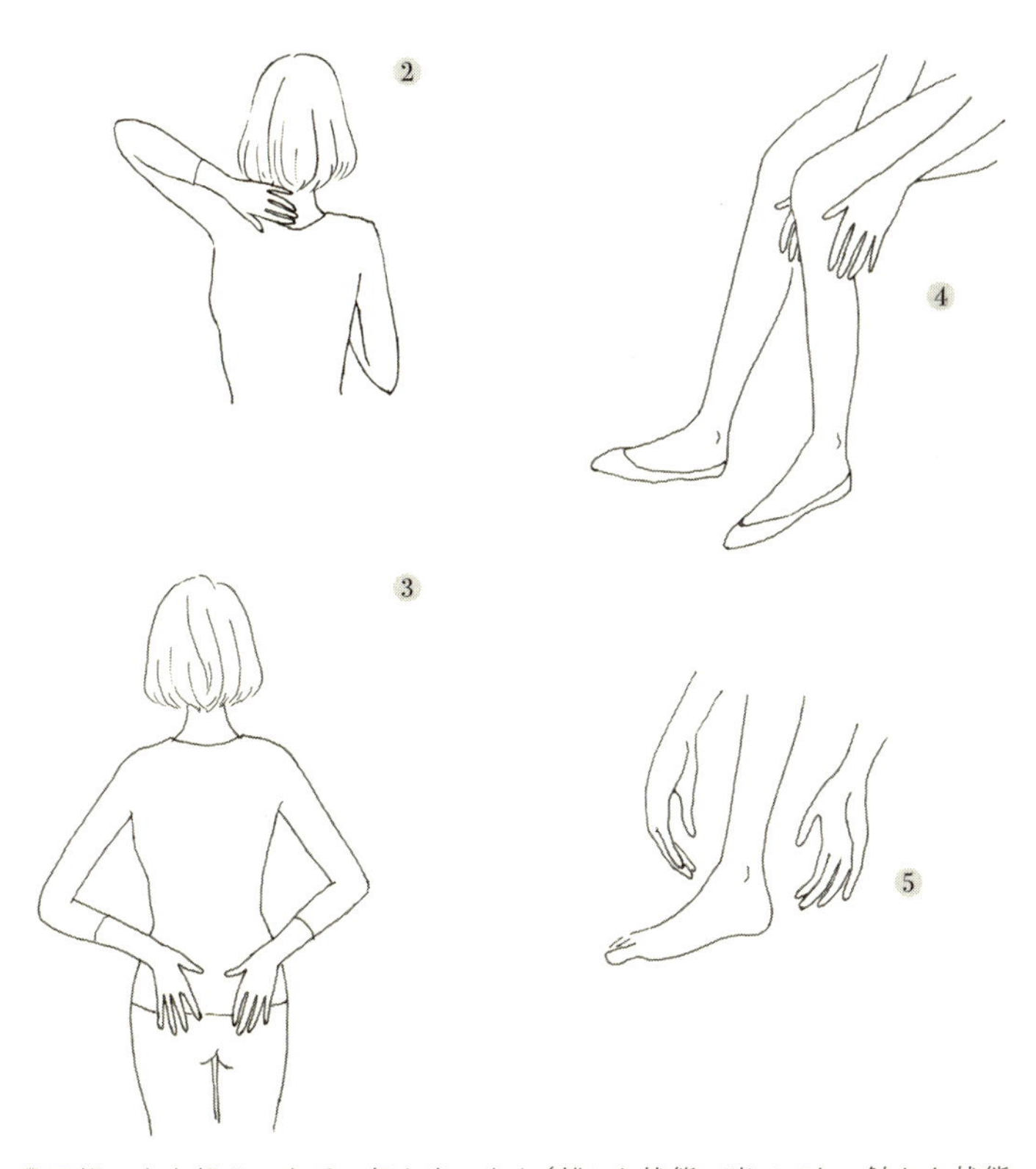

2頸椎の中央部分に左手で氣を当てます（離した状態で当てても、触れた状態で当てても、どちらでも構いません）。 3両方の手のひらを腰に当てます。 4膝を中心に氣を当てながら、上下に範囲を広げていきます。膝の内側は手のひらで軽く触れるように氣を当てるのがポイント。 5左手の3本の指先を甲側に、右手の3本の指先をアキレス腱側に向けてヒーリングラインを作り、足首の中心に氣を当てていきます（指先はからだには直接触れません）。

3 その後、両方の手のひらを腰に当てて、氣を当てます。こうすることによって、頸椎と脾臓の間で氣が回るのです。

4 膝を中心に、膝上、膝下あたりまで範囲を広げて、氣を当てます。膝の内側に、手のひらで軽く触れるようにして氣を当てるのがポイントです。左右どちらの膝にも、同じように氣を当てます。

5 最後に、足首の中心に氣を当てます。左手の3本の指先が足首の甲側に、アキレス腱側に右手の3本の指先を当ててヒーリングラインを作り、氣を当てていきます。

＊脾臓タッチ＆アタックをしたら、頸椎の中央↓腰↓膝↓足首と、上から順番に氣を当てるのがポイントです。

胃痛には早めに対処しましょう

食あたりや食べ過ぎ、ストレスなどで胃の不調を感じる人、生まれつき胃の弱い人。また、胃腸カタル、胃けいれん、胃拡張（いかくちょう）、胃下垂（いかすい）、胃潰瘍（いかいよう）など、胃に関する病名の多さからも、胃のトラブルで悩んでいる人が多いことがわかりますが、慢性化させないように、早いうちに対処したいものですね。

胃痛のセルフ・ヒーリングのポイントは、みぞおちとおへそ、そして、胃のかたちに沿って、ゆっくり氣を当てることです。

胃痛のセルフ・ヒーリング

1 椅子に座り、全身の力を抜いてリラックスし、まずは脾臓タッチ&アタックをし、脾臓をていねいにほぐします。

2 次に、みぞおちのあたりを左の手のひらで氣を当て、続いて、左の手のひらでおへそにも氣を当てます。

3 1 2 のヒーリングで改善されなかったら、さらに胃に氣を当てます。胃は氣を当てやすい位置にありますから、左手の3本の指先を使って、氣を当てます。右手の3本の指先は、胃の後ろ、つまり背中側に持っていき、氣のラインで胃をはさむようにして当てるのが理想的ですが、難しい場合は、左手の3本の指先だけを使って氣を当ててもいいでしょう。このとき、胃全体をなぞるように、胃のかたちに沿って氣を当てていきます。

便秘(べんぴ)はからだの大敵(たいてき)

便秘はからだの大敵。たまった便は、腸内でガスを発生させるので、血液が汚れ、肌荒れや慢性的な疲れ、肥満(ひまん)の原因になるだけでなく、大腸ガンなどの病気を引き起こす恐れもあります。

氣を当てることによって、腸の働きが本来の状態に戻りますので、頑固な便秘がいつの間にか解消されていた、という方も少なくありません。

便秘解消のセルフ・ヒーリング

1 椅子に座り、全身の力を抜いてリラックスした状態で、脾臓タッチ&アタックをします。

2 次に、おへそに左の手のひらを、同じ位置の背中側に右の手のひらを置いて氣を当てます。

3 その後、左手の指先をおへその上に、右手の指先を背中側に持っていき、左右の手のそれぞれ3本の指先で氣のラインを作り、じっくりと氣を当てていきます。もし右手を後ろにまわすのが難しければ、背中側を意識して、左手の指先で氣を当てるだけでもかまいません。

＊下痢の場合も、ヒーリング方法は同じです。

＊１７１頁で紹介しているプラーナ水は、便秘に大変効果があります。

辛い膝痛に試してみたい

頭痛と同じく、施術の依頼が多いのが膝痛です。痛みがある、曲げにくい、といった辛い症状と長年付き合っているという方は、本当に多いですね。

膝はセルフ・ヒーリングをしやすい部位ですので、膝の症状でお悩みの方は、ぜひ、毎日ヒーリングをしてみてください。

私が行う場合は、私の膝の上に脚を乗せていただいてから施術をしますが、セルフ・ヒーリングの場合は、座る椅子とは別に、もう一つ椅子を置いてから行うといいでしょう。

膝痛のセルフ・ヒーリング

1 椅子に座り、全身の力を抜いてリラックスします。

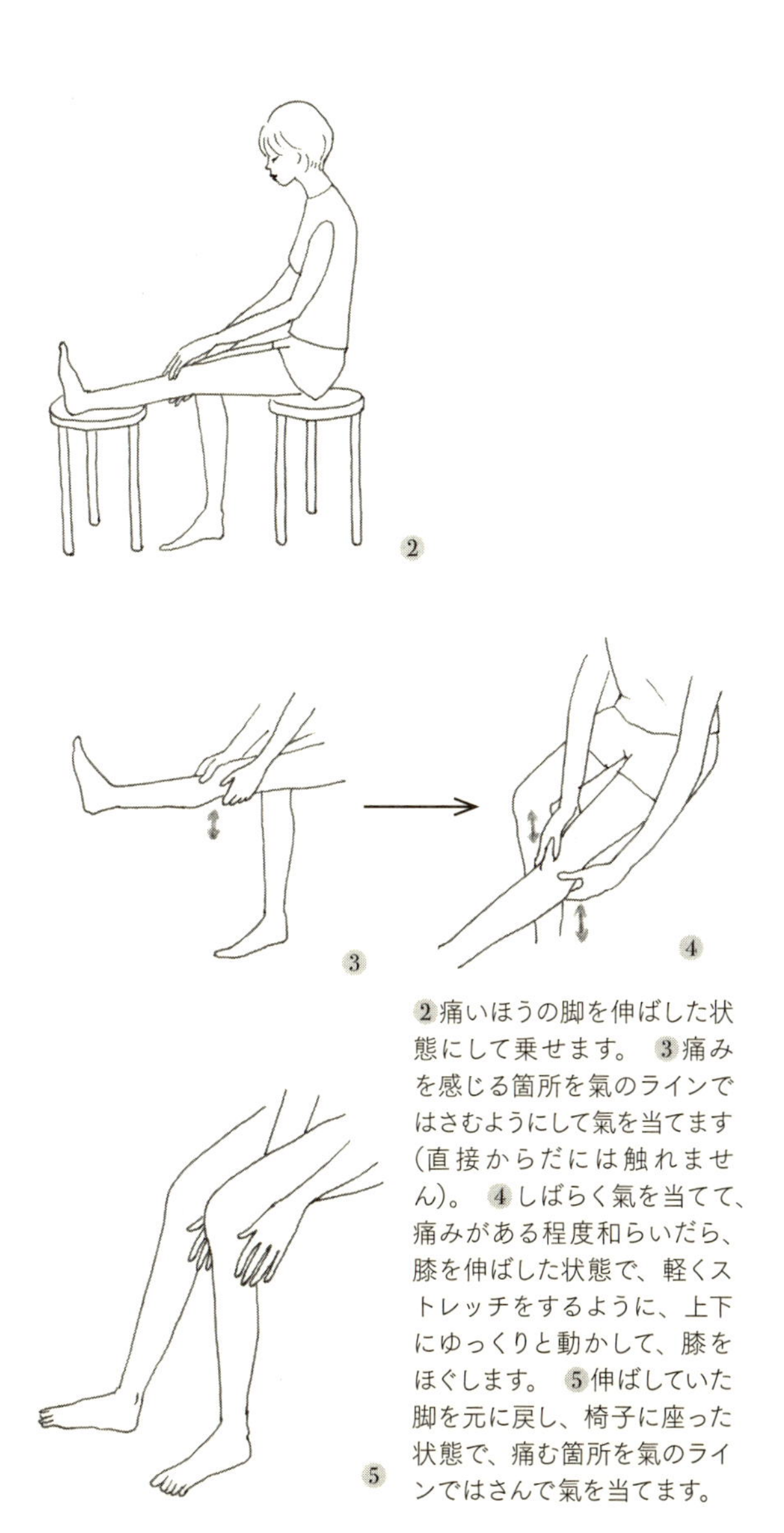

②痛いほうの脚を伸ばした状態にして乗せます。 ③痛みを感じる箇所を氣のラインではさむようにして氣を当てます（直接からだには触れません）。 ④しばらく氣を当てて、痛みがある程度和らいだら、膝を伸ばした状態で、軽くストレッチをするように、上下にゆっくりと動かして、膝をほぐします。 ⑤伸ばしていた脚を元に戻し、椅子に座った状態で、痛む箇所を氣のラインではさんで氣を当てます。

2 用意したもう一つの椅子に、痛いほうの脚を伸ばした状態にして乗せます。

膝が痛いと、伸ばすことが難しいかもしれませんが、まずは膝を伸ばさないと、痛みはなかなか改善されません。少しずつ、ゆっくりでいいので、伸ばすようにしてください。

3 痛みを感じる箇所を、氣のラインではさむようにして氣を当てます。このとき、左手の指先から出た氣を右手の指先で受けるようにします。右手の指先が引っ張られるような感覚があれば、それは氣のラインがつながっている証拠です。

4 しばらく氣を当て、ある程度痛みが和らいだら、膝を伸ばした状態で、軽いストレッチをするように、上下にゆっくりと動かしてほぐします。

上下に動かすことが難しければ、膝を伸ばした状態で、膝裏(ひざうら)をていねいに指でほぐしたのちに、ゆっくりと上下に動かしてみてください。

5 最後に、伸ばしていた脚を元に戻し、椅子に座った状態で、痛みのある箇所を氣のラインではさんで、氣を当てていきます。

アトピー性皮膚炎(ひふえん)。あきらめずに試してください

アトピー性皮膚炎は、強いかゆみが繰り返し現れる皮膚の病気です。発疹(はっしん)は、顔や首、肘、膝などに現れやすく、ひどくなると全身に広がります。

アトピー性皮膚炎になると、かゆみを感じる→搔(か)いてしまう→悪化してしまう、という悪(あく)循環(じゅんかん)に陥ってしまって悩んでいる人が多いと思いますが、氣を当てることによって改善されるケースは多いので、あきらめずにセルフ・ヒーリングを試してください。

アトピー性皮膚炎に最も効果的なのは、脾臓タッチ&アタックです。アトピー性皮膚炎に限らず、肌に関する悩みにはまず脾臓、と覚えてください。

生まれながら首から胸、背中、腕まで赤茶色の濃いアザがあった大学生が施術を受けに来られたのですが、脾臓タッチ&アタックを行ったところ、わずか4回の施術で半分以下に消えました。

最初に施術をしたとき、アザの中にポツン、ポツンと白い斑点(はんてん)が出てきたんです。最初は白斑(はくはん)症状かと思ったのですが、3回目の施術のときには、その白い斑点がつながっていったんですね。そして、4回目には肩甲骨付近の肌の斑点はすべてつながり、プルンプルンの皮

膚になりました。

アトピー性皮膚炎のセルフ・ヒーリング

1 椅子に座り、全身の力を抜いてリラックスし、脾臓をゆっくりほぐすイメージで、脾臓タッチ&アタックを行います。

2 手のひらで氣あそびをし（32頁参照）、氣感を高めます。

3 2によって手のひらそのものが氣を帯びていますので、アトピー性皮膚炎の症状が出ている箇所を手のひらで覆うようにして、氣を当てていきます。

＊このヒーリングをすると、喉が渇きますので、水分補給をするようにしてください。

＊171頁で紹介しているプラーナ水をミストにして浴びると、アトピー性皮膚炎の改善に

効果が期待できます。

受胎ヒーリング

私が、この不思議な氣の能力に目覚めてから、施術を通して60組以上のカップルが新しい命を授かりました。まだ八十数組しか受胎ヒーリングをしていませんので、確率としては、かなり高いと言えるのではないでしょうか。

受胎ヒーリングの場合も、他の施術と同じように、まったくからだに触れませんが、子宮や卵巣に氣を当てますと、当てられた方は、必ずといっていいほど、「何か動くー、触られているみたいー」とおっしゃいます。

これは体内で活動する氣に向かって、からだの外から氣を当てて、体内の氣を自由に動かすことによって生じる反応なのですが、これを利用して、子宮や卵巣に氣の刺激を与えます。

不妊治療を長く続けて来られた方々のほとんどは、赤ちゃんができにくいからだだとお医者さんから言われているようなのですが、不思議と1回から数回の氣の施術で授かるようなんですね。

広島県の方の例ですが、早発性閉経で排卵がなく困っていたのですが、4回の施術で1年3か月ぶりに排卵が起こり、神戸で人工受精をして、妊娠されました。

なかなか赤ちゃんが授からないという方は、次のような方法で天使のセルフ・ヒーリングを行ってみてください。

受胎のための天使のセルフ・ヒーリング

1 椅子に座り、全身の力を抜いてリラックスし、脾臓タッチ&アタックを行って、脾臓に氣を当てます。じっくりとほぐすようなつもりで行ってください。

2 次に、左右の副腎に、片方ずつ氣を当てていきます。副腎はあばら骨に隠れているので、力を抜いて、わき腹のあたりを氣のラインではさんで氣を当てます。左右の指先を使って後ろから氣を当てるのが難しければ、副腎を意識しながら、からだの正面から左手の指先で当ててもいいでしょう。

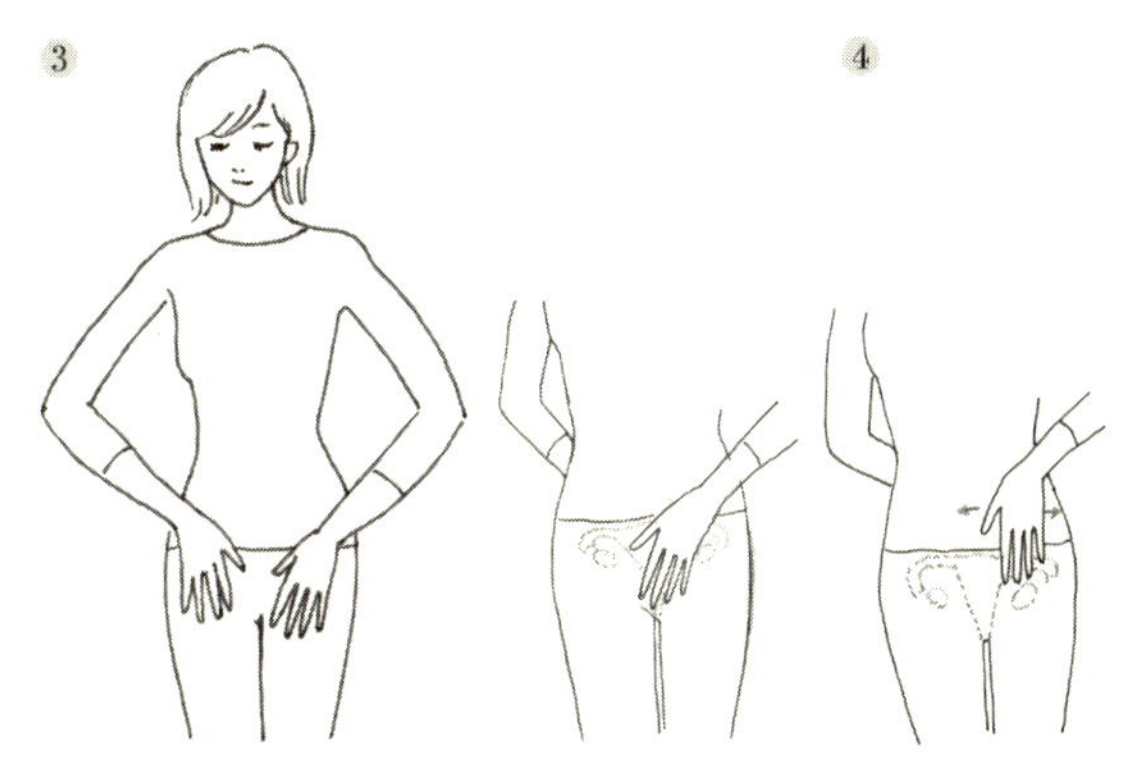

3 まず、両手を鼠径部に当てます。次に、左の手のひらで子宮にやさしく氣を当てます。 4 左右にある卵巣を、片方ずつ氣のラインではさんで氣を当てます。小刻みにゆらしながら、卵巣をほぐすようにすると効果的です。

3

椅子から立ち、両手を鼠径部（そけいぶ）（左右の太腿（ふともも）の付け根の部分）に当て、次に、左の手のひらで子宮にやさしく氣を当てます。子宮はおへその下あたりにあります。

4

続いて、左右にある卵巣を、片方ずつ氣のラインではさんで氣を当てます。このとき、小刻みにゆらしながら、卵巣をほぐすような感覚で氣を当てると効果的です。

5

卵巣の上にある卵管（らんかん）にも、片方ずつ、氣のラインでアーチを描くようにして、ゆっくりと動かしながら氣を当てます。氣に敏感な方なら、卵管が詰まっていないか、確認しながら氣を当ててください。卵管の詰まりをほぐすような感覚がベストです。

6 大きく広げた手のひらで、右手を背中側、左手をおなか側にして、子宮や卵巣を包み込むようにして氣を当てます。このとき、子宮内環境を変えるくらいの気持ちで全体をほぐすとより効果的です。

7 最後に、おへそのあたりを両手で包み込むようにして氣を当てます。

この受胎ヒーリングは、セルフだけではなく、同様のヒーリングを旦那さまにしてもらえば、より効果的だと思います。

＊卵巣囊腫(のうしゅ)なども同じ方法で氣を当てると効果的ですが、囊腫の場合は、「ほぐす」というよりも、「揉(も)む」感覚で氣を当てたほうが、早く改善されるようです。

もう一つの受胎ヒーリング

男性側に不妊の原因がある場合

男性側に原因がある不妊の場合は、精子に元気がないことが多いので、肛門(こうもん)から氣を入れます。

1 内腿(うちもも)を刺激して、指先でビンビンはじくようにタッピングします。こうすることで、内腿のリンパが刺激されるのです。

2 次に、左右の手のそれぞれ3本の指先で睾丸(こうがん)のまわりを前後からはさむようにして氣を当てます。

3 最後に、肛門に左の手のひらを当て、氣を当てます。

＊この手順で氣を当てると、不妊だけではなく、70代の方でも夜は元気になると評判になり、施術希望者が殺到したこともあります（笑）。

受胎ヒーリング　しょのみご

ヒーリングとはまた別の、赤ちゃんが授かる方法をお教えします。

赤ちゃんが欲しかったら、生後3か月の赤ちゃんを30分間抱っこしてみてください。こうすると妊娠しやすくなると昔から言われていますが、実際、これで赤ちゃんが授かったケースも少なくありません。

私の地元、宮崎では、こうして赤ちゃんが欲しい女性が他人の赤ちゃんを抱っこしてできた子どものことを「しょのみご」と言います。「しょのみ」というのは、宮崎弁で「嫉妬（しっと）する」という意味で、他人の赤ちゃんを抱っこすることを（まだ生まれていない赤ちゃんが）嫉妬して赤ちゃんが授かると言われているのです。実は、私の妻は、この方法で長女を授かりました。

もしかすると、嫉妬だけではなく、赤ちゃんを抱っこすることで、女性ホルモンに何らかの変化が起こり、氣の巡りがよくなるのかもしれませんね。あるいは、母性につながる何かにスイッチが入るのかもしれません。

受胎ヒーリングとともに、ぜひ、お試しください。

「うつ病」を発症したときのことから目をそむけないで

うつ病で施術を受けに来られる方も多いのですが、その場合まず、いつ発症したのか、そのきっかけについての質問からスタートします。発症したときのことから目をそむけないことが大切なのです。

どんなふうに辛かったのか。どんなことが耐えられなかったのか。そうした気持ちを覚えておくことは、やがて、必ず大きな宝となりますが、目をそむけてしまうと、苦しんだだけで終わってしまい、また同じことを繰り返して、同じような苦しみを何度も経験してしまいます。

『ハゲタカ』というテレビドラマがありましたね。主人公の鷲津(わしづ)が最後に放つ言葉。

「あなたはまだ生きている」

思い出すことは辛いことかもしれませんが、今、あなたは生きています。このことを忘れないでくださいね。

うつ病のセルフ・ヒーリング

1 椅子に座り、全身の力を抜いて、大きく深呼吸します。

2 うつ病の人は、首が硬くなっている場合が多いので、からだの力を抜いてダランとし、両手で首の後ろを包むようにしながら氣を当て、ゆっくり首をほぐしていきます。

3 次に、脳の中にある扁桃体(へんとうたい)に氣を当てます。位置としては、こめかみのあたりです。左右の指先で氣のラインを作り、じっくりほぐすように氣を当てるのです。こうしてヒーリングをしながら、よくなったらどんなことをしようかな、あんなことをしてみたいな、こんなこともしてみたいな、と心をワクワクさせながら、やってみたいことをできるだけ具体的にイメージします。

4 次に左手の3本の指先を眉間のあたり、その反対側の後頭部に右手の3本の指先を持っていって氣のラインを作り、氣を当てます。このときも、**2**と同じように、やりたいことをしている自分、今の状況とは真逆の自分を強くイメージします。楽しいこと、ワクワクすること、元気いっぱいな自分を脳内で疑似体験するのです。

5 その後、今の状況とは真逆のワクワクする未来の自分のイメージを強く持ち、それをオーリングテストで確認します。

この場合のオーリングテストのやり方は、自分の親指と人差し指で輪を作り、その輪が切れないように指に力を入れます。次に、その輪を、反対の手の人差し指で力を込めて引っ張ります（輪を作っている指は、その輪が離れないように抵抗します）。このとき、イメージが固定されていれば輪にした指は離れ

眉間と後頭部を氣のラインで結び、氣を当てます。このとき、楽しいこと、ワクワクすること、元気いっぱいな自分を強くイメージすることがポイント！

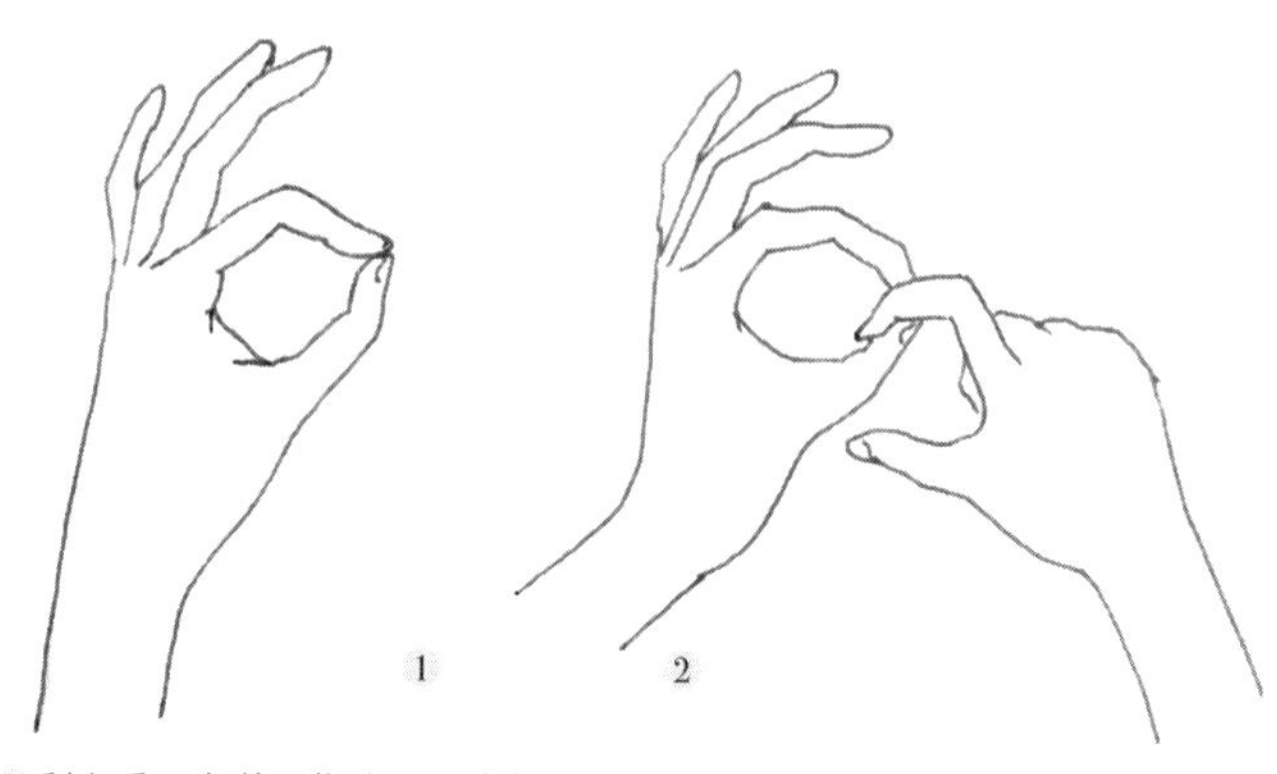

1 利き手の人差し指または中指と親指で OK サインを作り、指先の輪が開かないように、グッと力を入れます。 2 OK サインを作った輪の中に反対の手の人差し指を当て、質問しながら輪を離すように引っ張ります。輪が離れない→ YES、輪が離れる→ NO。

ません。切れるのならば、まだしっかりとイメージができていないということなので、確認しながら、思い描くイメージをだんだん強くし、ロックをかけていきます。重要なのは、輪を作っている指に力を入れることよりも、思いを強くすることです。

参考までにセルフ・オーリングテストのやり方をご紹介します。

セルフ・オーリングテストのやり方

1 片方の手の人差し指または中指と親指で、OKサインのように輪を作ります。

これは力の入りやすい方の手で行いますが、通常は利き手で行います。

このとき、指先にグッと力を入れ、輪が開かないように意識します。

2 反対の手の人差し指を輪の中に入れ、輪のつなぎ目（人差し指と親指が合わさったところ）に当てます。

3 知りたい項目について、自分に問いながら、2の人差し指を、輪を離すように引っ張ります。輪が離れなければイエス、離れればノーという答えになります。

＊通常は、答えを導くためにオーリングテストをしますが、ここでは逆オーリングテスト、先にイメージを強く持ち、それがイメージできているかどうかを確認します。

＊オーリングテストの練習方法として、わかりきった答えを繰り返し質問することで、イエス、ノーの感覚がつかめるようになります。たとえば、私は〇〇〇です、と自分の名前を言う、あるいは、女性の方であれば、私は女です、と言いながら輪が開かない感覚を、私は〇〇〇です（他人の名前）、私は男ですと言いながら、輪が開く感覚をつかむ練習をしてください。

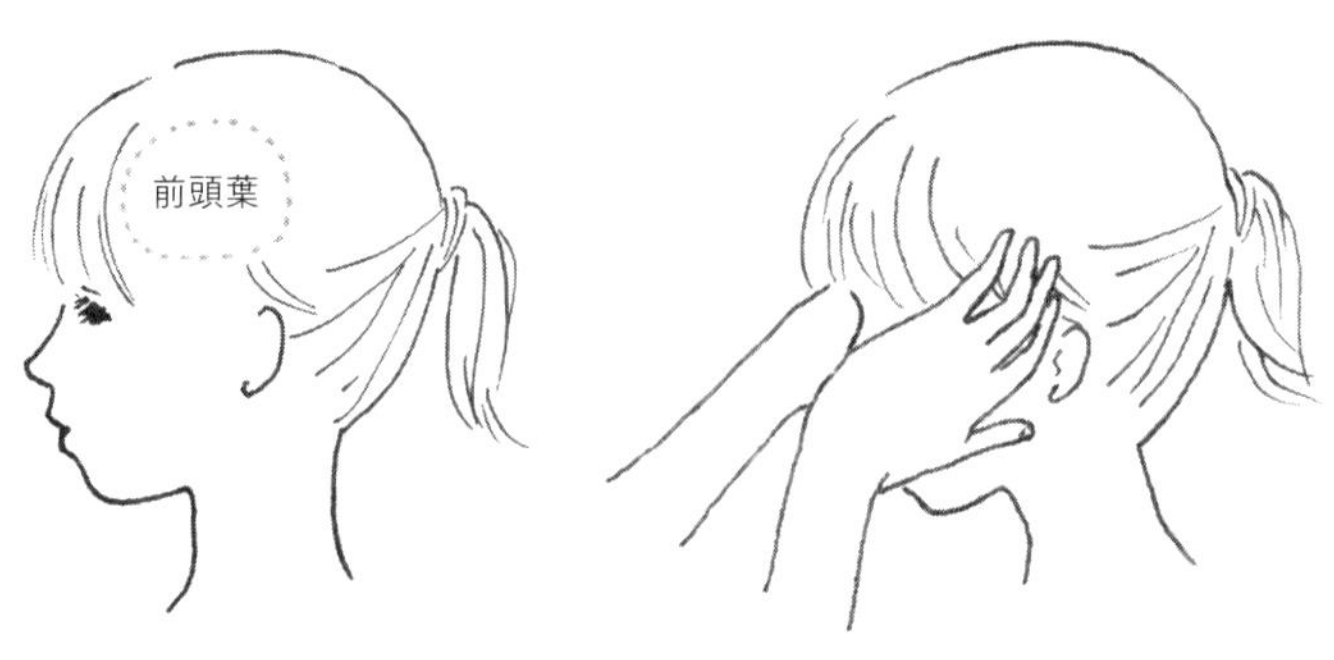

前頭葉のあたりを左右それぞれの３本の指先で氣のラインを結び、氣を当てます。
左脳の前頭葉に強く氣を当てるのがポイントです。

認知症予防のために氣の力を！

現在、認知症患者の数は増加の一途をたどっており、２０２５年には高齢者の５人に１人が認知症になると予測されているそうです。

認知症は完治することが難しいだけではなく、悪化していくことが多い傾向にあるため、予防がとても重要です。

現在、認知症に対する特効薬、完全な予防方法はありませんが、氣の力を使って予防したり、症状を少しでも和らげたりすることはできますので、ぜひトライしてください。

認知症予防のためのセルフ・ヒーリング

1 椅子に座り、全身の力を抜いて、脾臓タッチ＆アタックを行います。

2 次に、左脳の前頭葉（ぜんとうよう）を狙（ねら）って氣を当てていきます。

前頭葉というのは、知能、人格、理性、言葉を話す、手足を動かすことなどを司る脳の部位で、両側の大脳半球の前部に位置します。耳と耳を線で結び、その線の上の前側の部分に氣を当てる、と考えてください。

左手の3本の指先を左脳側、右手の3本の指先を右脳側にくるようにして氣のラインで結び、左脳に強く氣を当てることを意識しながらヒーリングをしてください。

ガンの場合のセルフ・ヒーリング

現在、日本人の死亡原因のトップに位置する病であるガン。私の施術を受けに来られる方の中にも、ガンの治療を受けておられる方が多くいらっしゃいます。その症状はさまざまですが、なかには、氣によってガンの進行が止まった方、すっかり消えた方もいらっしゃいますので、あきらめないでセルフ・ヒーリングを行ってみてください。

ガンの場合のセルフ・ヒーリングは、まず脾臓タッチ&アタックで脾臓をほぐし、それから、ガンのある部位に氣を当てます。

ガンのセルフ・ヒーリング

1 椅子に座り、からだの力を抜いてリラックスし、脾臓タッチ&アタックをし、じっくりと脾臓をほぐします。

2 ガンのある部位を左右の手のそれぞれ3本の指先（人差し指、中指、薬指）ではさんで氣のラインを作り、入念に氣を当てます。

ガン細胞に氣が当たると、左手の指先が引っ張られるような感覚がありますので、その場所をはずさないように氣を当ててください。この感覚は、喩（たと）えて言うなら、釣りでヒットしたとき、グッ、グッと引っ張られるような感じです。

最初はこの感覚をつかむのが難しいかもしれませんが、ヒーリングを繰り返すうちに、あっ、この感覚だな、ということがわかってくると思います。

＊ガンのある部位によって、氣の当て方が変わります。

甲状腺、食道、肺、胃、十二指腸、小腸、大腸、生殖器などは、からだの正面に左手の指先を持っていき、正面から氣を当てます。

脾臓、腎臓、副腎、膵臓、肛門などは、背中側に左手の指先を持っていき、背後から氣を当てます。

ただし、肝臓に関しては、まず正面から氣を当て、続いて背中側からも氣を当てるようにしてください。

手が届かない場合は、そこに左手を当ててから離し、その部位を意識しながら正面から氣を当てるだけでもかまいません。

遠隔ヒーリング

遠隔ヒーリングの場合、カタシロを使います。

形代、人形など、さまざまな呼び名があり、本来、手で撫でることによって自分の穢れを移しつけて祓うのに使われるものですが、呪いをかけたい相手の名前を人形に書き、その人形を傷つけるなどして、相手に災いを引き起こすこともできるとされています。

霊的な世界に働きかけて物事を成すことができるという意味では、良くも悪くも利用でき、悪の黒魔術にもなり、聖なる白魔術にもなるものですので、注意が必要です。

私がカタシロを使うようになったのは、2チャンネルで、気功系の人から陰陽師がこれを使い、呪詛を成就させていることを教えてもらったことがきっかけでした。そのとき、このカタシロを氣の遠隔ヒーリングに使えないだろうかと思ったのです。

最初の頃はなかなかうまくいきませんでしたが、四隅に四神獣の文字（青龍・朱雀・白虎・玄武）を入れたあたりから、ヒーリングの効果が高くなりました。

カタシロを作るときは、相手のことを思いながら、正確な情報を書き込んでください。できるだけ多くの情報が必要なので、図を参考にしながら、症状、悪い部分の臓器の絵なども

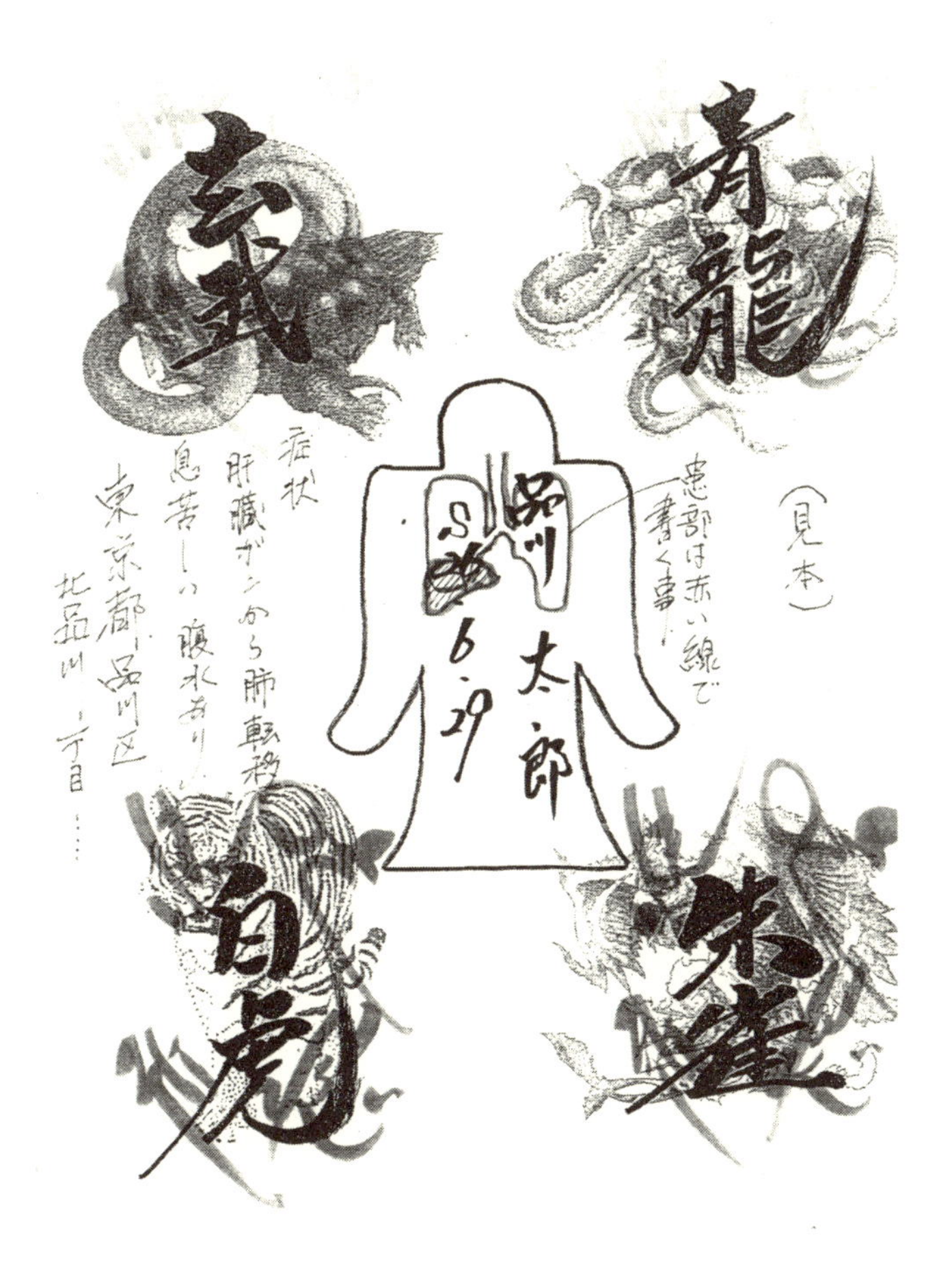

カタシロの記入例です。❶カタシロの中に名前、生年月日を書き、悪い部分の臓器は赤で描いてください。❷カタシロの外に、住所、症状を正確に書き込みます。

書き込んでください。

セルフ・ヒーリングの場合は、このカタシロに自分の名前、症状などを書き、遠隔の場合と同じように氣を当ててください。

遠隔ヒーリングの方法

1 カタシロの中に、名前、生年月日、悪い部分の臓器を書き込みます。悪い部分の臓器は赤で書いてください。

2 カタシロの外の台紙に、住所、症状を正確に書き込みます。

3 左手の2本の指先（中指と薬指）を使って、カタシロに氣を当てます。カタシロに指を触れると指先の感覚がわかりづらくなりますので、指先は浮かすようにして氣を当ててください。悪い部分の臓器に氣を当てているときの、指先の感覚、とくに中指と薬指に感じる刺激に変化が見られるまでトライしてくださいね。

4 遠隔ヒーリングは、ともすれば危険な行為なので、家族間、それも血縁者に限り、行うようにしてください。もしも友人に遠隔をする場合は、相手の了承を必ず得てから行ってください。

そして、呪(のろ)ったり、恨(うら)んだりの行為は、その念が自分に返ってくることを念頭におき、絶対にしないでください。

＊次頁のカタシロをＡ４サイズにコピーして使ってください。

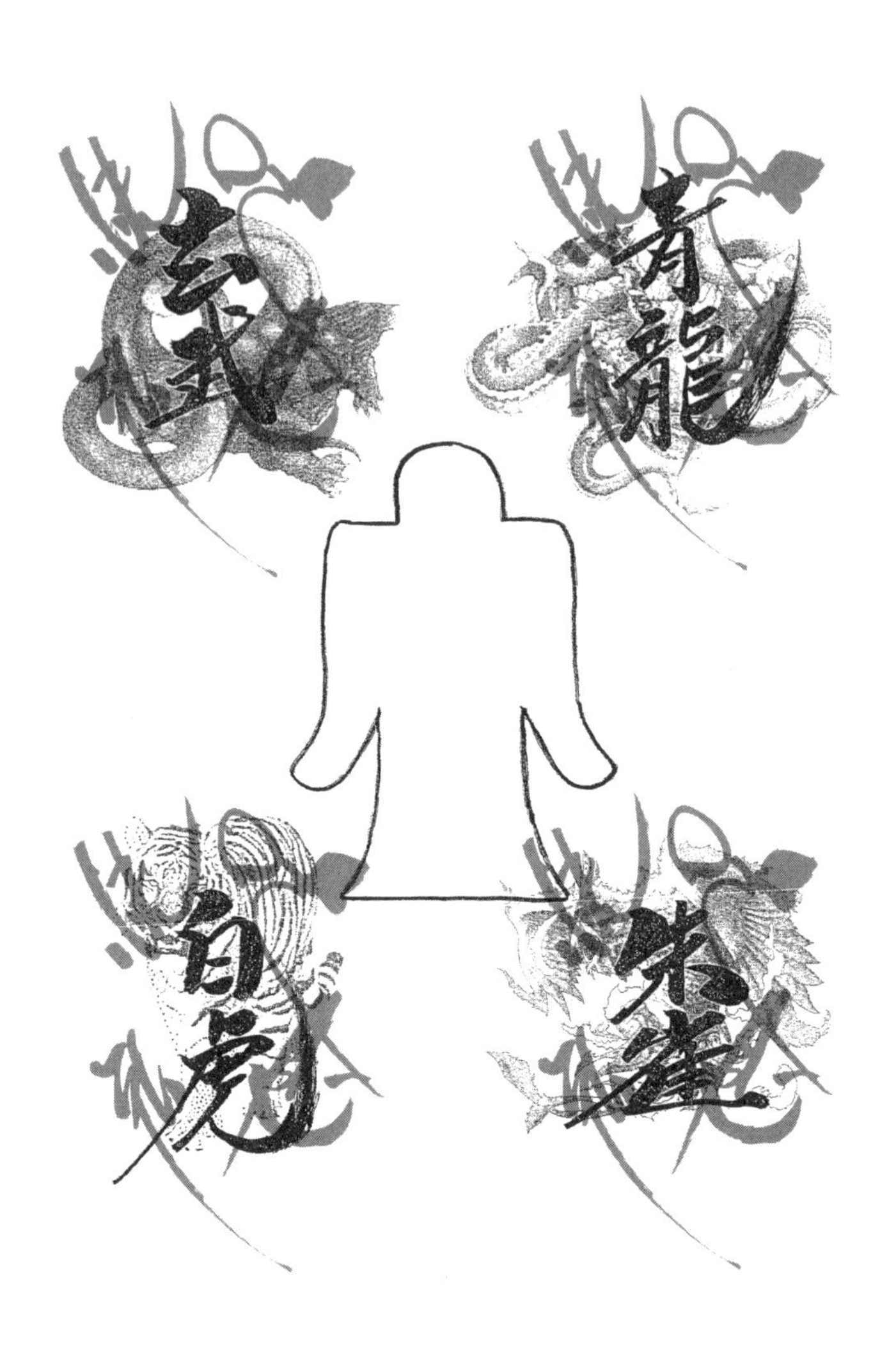
玄武
青龍
白虎
朱雀

第4章

運気アップ

氣あそびをして、氣の巡りをよくすることで、
運気はグッとアップします。
あなたのまわりにあるものは、実は、すべてあなた
自身、あなたとイコールのものなのです。
ですから、運気がアップすれば、それにふさわしい
ものやチャンス、人と出会えます。

運気(うんき)アップで、チャンスの前髪をつかむ

私の施術会場でも、運気アップをしてください、という依頼がよくきますが、実は運は氣と密接な関係があります。

運気アップをする方法は、実はとてもシンプルです。

1　氣の巡りをよくする。

2　いつも氣を意識し、氣を纏(まと)ったような感覚で過ごす。

これだけなんです。

そうすることで脳内にある松果体(しょうかたい)が活性化し、俗に第三の目と言われるサードアイが開い

た状態で世の中を見ることができるので、危険を回避することができるんですね。野球で言えば、ピンチの場面でも最小失点で切り抜けることができるんです。

氣によってディフェンスがしっかりできていれば、無理な攻撃をすることも、受けることもなく、平穏な生活が送れます。

こうして氣を使って穏やかな生活をしていると、チャンスに敏感になり、チャンスの前髪をサッとつかむことができるのです。

運は、人が運んできます。

人が運んでくるのですから、サードアイに穏やかな気持ちを纏わせ、その人との関係をじっくりと紡いでいけば、運は必ず開きます。

縁という字にも、紡ぐという字にも、纏うという字にも、糸という文字が使われていますよね。

運とも、人とも、長く、長く紡ぎ、いいご縁に育てていってください。こうすることで、よい運気が継続していきます。

運気アップ・ヒーリング

現在は難病（なんびょう）の方優先なので、運気アップの施術依頼はあまり受けていないのですが、参考までに、私が行っている運気アップ施術の方法をご紹介します。

1 椅子に座ってもらい、その人の肩のあたりの氣の流れを手のひらでチェックします。

肩のあたりは、その人の縦の氣と横の氣がクロスしているので、その人の状態を感じやすいのです。

今、仕事がうまくいっているな、とか、大変な時期なんだな、ということが、肩のあたりの氣の流れ、気配で何となくわかります。うまくいっているときは氣の流れがスムーズですが、そうではないときは、氣があばれているような感覚があります。

2 次に、氣のラインで脳内をほぐします。こうすることによって、たとえば、かたくなな思いがあったとしてもほぐれ、思考が柔軟になります。これが運気アップにつながるのです。

3 脳内と気持ちをほぐしたら、自分がどうなりたいかを、リアルに思い描いてもらいます。

営業マンであれば、業績(ぎょうせき)が上がって、みんなと笑顔で乾杯している様子や、片思いで悩んでいる人であれば、相手に思いが通じ、2人でデートをしている様子など、何でもいいんです。自分で自分の脳をだますんです。

イメージすることができたら、それを自分の中にインストールしてください。

あとは、日々、氣を纏って生活していれば、グングン運気は上がっていきます。

セルフで運気アップを行う場合は、椅子に座り、全身の力を抜いてリラックスした状態で、**2**から**3**を行ってください。

なりたい自分、叶(かな)えたい現実を、もうそうなったとして、できるだけリアルに思い描いてください。想像力の限界があなたの運気の限界になりますので、限界を決めないで、欲張って思い描くことがポイントです。

この宇宙には、意識が先で、現実はそのあとという法則があります。ですから、まずは意識の世界でなりたい自分を思い描き、あとは氣を纏った生活を心がけてください。すると、いつの間にか、思い描いたことが現実になっていることに気づきます。

商売の運気アップ　その1

どんな商売でも、利益をあげなければ商売ではありません。

商売と書いていているわけですから、商いを売ります。

商いを売りにするには、もちろん、信用が大事になります。


今は「何でもあり」の世の中になっていますので、西でよい商売があると聞けば西へ行き、東で儲け話があると聞けばすぐに飛びつく、それだけでいいんです。

商売繁盛のコツというのは、何にでも飛びついて、とにかく触る、これに尽きますね。

でも、大事なのは、その触り方なんです。

「触る」というのは、どういうことかといいますと、簡単に言うと、目のつけ方、取り組み方、アプローチの仕方、ということなんですが、私は氣の力に目覚めた人間ですから、触るという表現のほうがしっくりくるんです。

人によっては、精神論的に触る方もおられます。○○のおかげです、と感謝の気持ちを持ち続けた結果、どんどん事態が好転して、わらしべ長者的に成功した方は、感謝に触り続けたことで成功したんでしょうね。

いずれにしましても、商売繁盛というのは、触ることからチャンスが始まる、ということなんです。

商売の運気アップ　その2

運気というのは、読んで字のごとく、氣が運ぶと書きます。

氣が何を運んでいるのか？　それは「チャンス」なんですね。

でも、目の前をチャンスが通っているのに、つかめない方が多くいらっしゃいます。

商売繁盛の秘訣は、先にも書きましたように、その触り方にあります。

一見、自分自身の仕事とは何の関係もないように見えるビジネスでも、そこに思わぬチャンスがひそんでいることがあります。

もしかしたらチャンスかな、と思いつつ、迷ったり、躊躇したりしていると、新しいドアにたどり着けず、当然のことながら、新しいドアも開きません。

チャンスかな、と思ったら、ちょっと触ってみることも必要なんじゃないでしょうか。

氣あそびをし、氣を纏った生活をすることによって、ラッキーに敏感になります。目の前をラッキーが通っている、と気づいたら、まず触ってみるのです。そして、お金が喜んで舞い戻ってくる使い方を心がけ、お金が入ってくるシステム作りを常に考えること。それが商売繁盛につながる運気アップの方法です。

氣の貯金を増やす

私はときどき、氣のお金持ち、氣の貧乏、という言い方をしますが、この空中に無数にプラーナが浮遊しているのに、そのことに気づかないで生活しているなんて実にもったいないなあ、と思います。

もし札束が空中を舞っていたとしたら、みなさん、競って拾い集めますよね。でも、プラーナだって空中に無数に存在し、キラキラ光りながら舞っているのですよ。

第1章で紹介したワークでプラーナが見えるようになったあなたは、まさしく氣のお金持ちの入り口に立っています。そして、氣あそびをしてプラーナと友だちになると、あなたのもとにプラーナがどんどん集まって体内に取り込まれ、氣の貯金が増えていきます。そして、体内に取り込まれたプラーナは、氣のエネルギーとなって、あなたを健康に、しあわせな気分に導いてくれるのです。

こうして常によい氣でからだを満たしておくと、悪い氣は入りにくくなりますし、入ってしまっても、容易に出すことが可能です。

自分のからだを、電気を蓄える(たくわ)バッテリーのようなものだと想像してみてください。そして、自分自身、そのバッテリーに蓄電(ちくでん)する生活をしているか、あるいは放出する一方の生活をしているか、ということを考えてみてください。

どうですか。

毎日、氣あそびをしてください。氣あそびをしながら、プラーナがあなたの元にどんどん集まり、どんどん体内に取り込まれていく様子をイメージしてください。そして、氣の貯金をどんどん増やして、氣のお金持ちになってくださいね。

逆洗脳（ぎゃくせんのう）

私はときどき、施術で催眠術（さいみんじゅつ）を使います。つまり、脳をだますのです。パニック障害やうつ病の症状改善に使うのは、とても有効な手段だと思いますし、本番でいつもあがってしまう、トラウマになっていることがある、といったことを克服するためにも使えます。

どんな出来事にも光と闇、プラスとマイナスの部分があります。トラウマになっているものがあるケースというのは、その闇やマイナスの部分にフォーカスし、その暗示を受けているのです。

たとえば、あの場所に行くとよくないことが起こる、そう思っていたとします。でも、実際、そう思っているあなたはまだその場所には行っていないわけですよね。過去の記憶にとらわれて、そう思い込んでいるだけですよね。ですから、そこの固定をはずすんです。脳の中に光のシナリオを書いてみるんです。

あのときはあのとき、これからはこれからのこと。きっとすばらしいことが起こる、何となくでもいいので、そう思ってください。また、辛い記憶の中にある贈り物を見つける作業も効果的です。あのことがあったから気づいたことがある、あのことがあったから今の自分がある、そう思うことで、あなたは光にフォーカスすることができるのです。

ただ気をつけなければいけないのは、だます手法が人を洗脳したりする方向に行くことです。

ある程度の氣のレベルになってくると、人の心の中に入り込むことが可能になってきます。有名芸能人の洗脳問題が、ときにニュースで取り上げられますが、集団で囲んで洗脳したり、洗脳によって恐怖を植え付け、壺やお地蔵さんなど、高額な宝飾品を結局買わせたりすることは、絶対にしてはいけません。

催眠ヒーリングと洗脳は紙一重ですが、人や自分をしあわせにすることに使えば神業、人を洗脳してだますことに使えば黒魔術だと理解してください。

ギャンブル必勝法

何の商売でもそうですが、お客さんを集めたいと思えば、お客さんの気持ちを惹く何かを見せなくてはいけないわけですね。

たとえば、パチンコ屋でいえば、「うちの店は出るんですよー」という姿勢と、それをお客さんに見せることが大事になります。

ですから、パチンコで勝とうと思ったら、お店側の氣を読むことと台の癖を調べることから始めます。つまり、データの採取です。

出したい店と回収に躍起になる店では、スタッフの顔が違います。

また、出ない台は一生出ないものと考え、当たりそうにない日は、即やめます。

こんなふうに、さまざまな視点から分析し、パチンコはギャンブルではなくてゲームだと思うことで、氣の実験にもなりますし、投資金額を少なくすることもできます。

私自身の勝率が高くなったのは施術の旅に出るようになってからですが、気持ちの余裕がなくては勝てないのは世の常です。

私はまた、ネットでボートレースをよくやりますが、その場合、朝イチで3000円くらいを1点賭けします。当たれば増えますが、当たっても負けてもその1レースで終わります。30万円以上勝ったことも何度かありますが、すべて3000円からの始まりで、1レースと決めています。

負けたからといって、次こそ勝つ、とさらにつぎ込んだりはしません。負けたら負けたで、明日勝てばよいからという気持ちで、勘を研ぎ澄ますようにします。

でもね、本当のことを言うと、氣をパチンコなどのギャンブルに使うのはあまりおすすめしません。使うなら氣のウォーミングアップのつもりでやってみて、そこからは、もっと大きな願望実現にシフトアップしてください。

世の中の出来事は、必ず情報から始まりますよね。とらえた情報を自分流の料理法で処理し、自分のフィルターに通すと、人生は楽しめます。

何かと何かを結ぶのが得意な方はその癖(くせ)を伸ばす。何かに執着してそのモノを高めて売りたいのであれば、売れるフィールドを徹底して調べる。どんなことでも、自分流の料理法で楽しめばいいんです。

そのためには、氣を上手に使ってください。氣を知り、氣を纏(まと)うと、すべてが順調に流れ始めます。パチンコに限らず、どんな商売でも、氣を使えば、買う人の動向や儲かる案件の採取が容易にでき、そこからの攻略法が見つかりますよ。

願望実現の方法　言霊(ことだま)

誰でも、ああしたい、こうしたい、ああなりたい、こうなりたい、という願望を心に持っていますよね。

そんな願望を実現するための秘訣は何なのでしょう。

その秘訣はさまざまあると思うのですが、私が氣のレクチャーで行うのは、「言霊授業」です。言葉に出して、それを言霊に変えることがベストだからです。

これまでの著作でも書きましたが、私は高校や大学の野球部で言霊授業を行ってきました。

それがどんな授業かと言いますと、

1 まず、氣あそびをしてもらい、氣の不思議さ、面白さを実感してもらうために、氣のワークを行います。このことによって、思考が柔軟になり、不思議なことが実際にできるんじゃないか、どんなことだってできるんじゃないか、と思えるようになるのです。

2 ある状況を頭に思い描いてもらいます。たとえば、甲子園出場をめざす球児たちであれば、実際に甲子園出場を果たした状況を思い描いてもらうのですが、それだけではなく、それぞれがそこでめざすものも思い描いてもらうのです。このイメージングが、潜在能力を最大限に引き出すことにつながりますので、強くイメージしてもらいます。

3 次に、声をそろえて、イメージしたことがすでに叶（かな）ったこととして、○○できました。ありがとうございます！　と大きな声で言ってもらいます。最初は照れがあったり、確信がなかったりで、なかなか力強く言い切れず、全員の声もそろわないんですが、３回目くらいになると、照れもなくなり、大きな声で宣言できるようになります。

4 最後に、「その言葉を君たちに預（あず）けたぞ。君たちが言葉に魂（たましい）を吹き込んで、言葉で「風」を起こせたら、それは「言霊」になって、霊魂（れいこん）が宿る。霊魂が宿れば、その言葉が君たちを助けてくれる。氣を纏（まと）ったプレーヤーになれる」と伝えます。

その場に立ち会った指導者たちは、アレッ？　こんな言葉？　と思うようですが、日を重ねるたびに、言葉にも、気持ちにも念（ねん）が籠（こも）るようになります。結果、怪我（けが）が少なくなり、すばらしいプレーが飛び出すようになりますし、打球の飛距離もアップしてきます。それは、知らず知らずのうちに、「不思議な力」を使っているからなんですね。

ですから、みなさんも叶（かな）えたい願望があれば、この**1**から**4**の流れを自分に置き換えて、セルフで行ってみてください。

日本は言霊の国です。言葉に霊力があると信じられてきました。

たとえば受験生は、受験前に「合格祈願」と絵馬に書いて神社に奉納しますね。そして、その受験生に対しては、「滑る」とか「落ちる」といった言葉は禁句とされますね。なぜかというと、「言霊」があるからなんです。

ですから、たとえば漢字を見ると、そこにたくさんの意味を見出すことができます。たとえば、この「言葉」という漢字を見てください。言の葉と書きますね。つまり、言ったことが葉っぱのように増えて、どんどん成長するということを意味しているのではないでしょうか。こうして葉っぱがたくさん集まると、大きな木（氣）になります。願望を言葉にして、その可能性をどんどん増やし、氣に満ちた大きな木のようにしっかりと実現させる、私は、言葉にそんなイメージを持っています。

ただ何となく、とか、やみくもな夢や願いではなく、はっきりとしたビジョンを具体的に持ち、それを言葉に出してください。

どんな願いや夢であっても、まずは言葉に出すことから始めてみてください。願望を実現させていくには、言葉に出して、「言霊」に化けさせるのがベストなのです。

願望実現の方法　ノートに書く

願望実現の方法、その2です。

願望実現のためのノート活用！　このノートが夢や願いを引き寄せてくれます。願いが叶ったものとして書き込むのがポイントです。

願いを叶えるための方法として、私は「書く」こともおすすめします。

これまでの著作の中でも、「ノートに、箇条書きで構いませんから、願いを叶ったものと断言して書き込んでください。アファメーション（自分自身に対する肯定的な宣言）の力を利用するんですね」と書いていますが、最初は小さな目標でいいのです。その目標達成のための期限を決めて、3か月で10万円貯める、

3か月で運命の出会いをする、1年以内に転職する……そんな感じで、まずは目標をしっかりと定め、ノートに書くことによって、明確にすることがポイントです。

ラッキー人間になる練習だと思って、まずはスタートさせてください。ここから願望実現の旅が始まります。その思いを手放さないことが力になりますし、そのノートがあることが願望実現のための氣力（きりょく）にもなります。

こう書いていて、氣力という言葉がふと気になり、辞書を調べてみました。すると、「何かを行おうとする精神力、気持ちの張り」とあります。そうなんです。これなんですね。精神力と気持ちの張りが、あなたの願望実現を助けてくれるんです。

私自身、ノートを買い、断言して書きためたことがいくつかありますが、後になって開いてみると、断言した通りにことが進んでいます。

このノートに書くときは、気持ちを込めて、ていねいな字で書いてください。つまり、氣を意識して、ていねいに書くということです。ていねいに書くことは、自分の夢や思いにもていねいになれますし、夢や願いを引き寄せる力も強くなります。

運気アップのコツ　褒(ほ)めて、感謝(かんしゃ)する。これが最強のツールです

運は人が運んできます、と私はよく言います。

これは本当のことなんですね。人を大切にし、感謝するだけで運気が上がります。

でもね、感謝の気持ちは、言葉でちゃんと伝えてくださいね。「謝」とは、言葉で射ると書くように、相手の心に届くように言葉で感謝の気持ちを表すことが大切なんです。わざわざ言葉にしなくても、ではダメなんです。

誰しも、一度や二度は「ツイテル！」「ラッキー！」と感じたことがあると思います。

このとき、何が起きているかというと、プラーナが何かを運んできて、私たちのからだにそれをつけているんです。そして、あなたがどんなふうに使うのかを試しているんです。

プラーナが何かをつけている、そう聞いても、ピンとこない方もいらっしゃるかもしれませんね。

魔法使いが杖を振ると、キラキラしたものが舞いますよね。それをイメージしてみてください。

魔法の粉があなたに振りかかります。その粉は、キラキラと光り、舞いながらあなたを包

みます。

このとき、その粉を魔法に変えるか、単なる粉で終わらせるか、そのことが試されているんです。

では、試されている私たちがどうすればいいのかと言いますと、プラーナが運んできてくれたものに、ありがとう、と感謝し、大事にすればいいんです。

人は祈るときや感謝するときには、頭を下げますね。こんなふうに頭を下げて感謝し、ツキを大切に抱え込んで、逃がさないようにしてください。

ところが、感謝や謙虚な気持ちを忘れ、傲慢になってしまうと、このツキはポロポロこぼれ落ちていってしまいます。そして、このツキは、一度逃すとなかなか次は巡ってきません。

怒ったり、罵ったりするよりも、褒めて、ありがとうと感謝する、これが運気アップのコツであり、感謝はラッキー体質になるための最強のツールです。感謝をしていると、運気は、昇り龍のようにアップしていきます。

一粒万倍日にする

前述したように、施術会場では、ついでに運気アップも、とお願いされることが多くあります。

どんなことでもいいんです。どんな小さなことでもいいんです。小さなラッキーを見つけたら、ありがたいと感謝し、大切にしてください。そうすれば、ラッキーを大切にしている人に出会います。こうして、ラッキーとラッキーが連なり、重なると、ものすごく大きなラッキーが生まれます。

負のスパイラルにはまり込んでしまう人もいますが、あれはマイナスがマイナスを呼び込んでしまうんですね。でも、どうせなら、ラッキーのスパイラルにシフトしたいですよね。

そのために必要なこと。それは、アンラッキーだと思うことがあれば、よっしゃ、次はラッキーと思うことです。こう思った瞬間に、脳は次なるラッキーを探し始めます。ついてないな、と思ったときに、そのマイナスの気分で見渡すと、マイナスのものしか目に入りません。そして、意識しなくても、心のどこかで、またマイナスのことが続くんじゃないか、と思ってしまっているんです。

「喜びと悲しみは交互にやってくる」と言われるように、アンラッキーなことがあれば、次はラッキーなことがやってくるようになっているんです。ですから、ついてないな、と思うことがあったら、それは、次はついてるよ、ということなんです。そして、ラッキーなことがあったら、そのことをありがたいと感謝して大切にするんです。すると、そこからラッキーが続いていくんです。こうすれば、何が起こっても、ラッキーにしかならないんです。

ところで、一粒万倍日をご存じでしょうか。日めくりカレンダーなどでも、大安（たいあん）、先勝（せんしょう）などとともに、一粒万倍日と書かれている日があります。吉日で有名なのは大安ですが、それよりもさらに縁起がよいとされています。これは、わずか一粒の籾（もみ）が万倍にもなって実り、稲穂（いなほ）になるとされ、新しいことを始めるのに適しているそうです。

この一粒万倍日のように、小さな一粒のラッキーを万倍ものラッキーにするか、しないかは、あなたの思い方次第、氣の纏（まと）い方次第なんです。今日から、わらしべ長者のように、ラッキーをどんどん連鎖させて、氣の長者になってください。

運気を上げる方法。脳をほぐし、イメージを視覚化する

誰もが運気を上げたいと思っておられると思います。
ですので、ここでは運気を上げる方法についてご紹介します。

運気を上げるワーク

サードアイに氣を当てることで、
運気が入ります

1 32頁の要領で氣あそびをして、氣の巡りをよくします。

2 左右の手のそれぞれ3本の指先（人差し指・中指・薬指）を使って氣のラインを作り、脳をほぐして柔軟（じゅうなん）にします。脳内をほぐすことで思考を柔軟にすることがポイントです。

3 次に、サードアイ（第三の目。眉間のちょっと上のくぼんだあたり）を、左右の手の3本の指先で氣を当てて刺激します。こうすることで運気が入ります。

③までで十分な場合もありますが、もう少し強く運気を上げたいと思ったら、たとえば縁(えん)起(ぎ)のいい龍(りゅう)など、架空(かくう)の生き物をイメージします。色はそうですね、錦鯉(にしきごい)のような金色がいいでしょう。その龍が天に昇ってゆくようなイメージをし、次に、天空(てんくう)で赤い玉をつかむイメージをします。そうしましたら、その龍が百会(ひゃくえ)から入り、背骨を通ってからだの中に入ってゆくイメージをします。

これは、氣を使った自己催眠のような方法なのですが、こうすることによって脳をほぐし、イメージを視覚化することで、脳内が活性化するんですね。

堅苦しく考える必要はありませんので、氣あそびの一環だと思い、自己催眠をかけるようなつもりで、今書いたようなことをイメージしながら試してみてください。同時に、自分なりの断言、アファメーションを作って、それを唱えるのもいいかもしれません。そうすれば、やる気も起こり、脳内も活性化します。

氣を使って、モテる自分になる

モテるとはつまり、人気があるということですよね。

人気という漢字を見ると、人の氣と書きます。つまり、氣が人を惹き付けるのです。氣あそびをしてくださいと、何度も書いているのは、こうして氣あそびの達人になると、相手の考えることすら読めてくるようになるからなんですね。そして、からだ全体をレーダーのようにしてくれるんです。そして、このレーダーは、運やすばらしい出会いもキャッチしてくれます。

好きな人に振り向いてもらう場合もそうですが、モテたいと思ったら、まず自分を好きになってください。自分を好きになると、よい氣がどんどん集まってきて、氣の循環（じゅんかん）がよくなります。そして、オーラの質が上がります。

この世の中には、同質が結集するという法則があります。同じ質のものは自然に集まり、質が異なると離れていくというものです。簡単に言えば、似た者同士が集まるということです。

人は、そのときの自分にふさわしい人と出会い、かかわります。そのときの自分にふさわしい環境にあり、ふさわしい出来事が起こります。

ですから、今の状態が永遠に続くわけではなく、質が変われば、人も、ものも離れていき、新しい出会いがあり、新しい環境に置かれ、新しい出来事が起こります。

人気度やオーラの質を上げるには、普段の気持ちのポジショニングをしっかりし、何度も言うようですが、自分を好きになることと、自分をマネジメントすることがコツです。

自分を好きにならないとオーラの質というのは上がりません。人から注目を集めようと思ったら、こんな自分でありたい、とイメージした自分を自分でコーディネイトするのです。誰かに好きになってもらうんじゃなく、まず、自分を好きになるんです。

自分を好きになると、お洒落（しゃれ）をしよう、いつも凜（りん）としていよう、そんなふうに自分を磨（みが）きたくなりますよね。好きになってもらおうと躍起（やっき）になって追い求めるのではなく、まず自分、なんです。自分を好きになって、なりたい自分をイメージしながら、上手にマネジメントするんです。

次に「モテる自分になるための六か条」を書きましたが、たとえばその中の「自分に氣を配る」というのは、読んで字のごとく、氣を配るってことですよね。誰かに対してだけではなく、天使が何かすてきな贈り物を運ぶようなイメージで、全身に氣を配り、光り輝く自分になってください。

そうすると、氣の循環がよくなって、オーラの質も上がります。それがやがて人に伝わるのです。そして、いつの間にか、振り向いてもらえる自分になっているのです。男女の仲も同じです。

モテる自分になるための六か条

1 氣あそびをして、氣と友だちになる。

2 自分に氣を配り、光り輝く自分になる。

3 自分を好きになる。

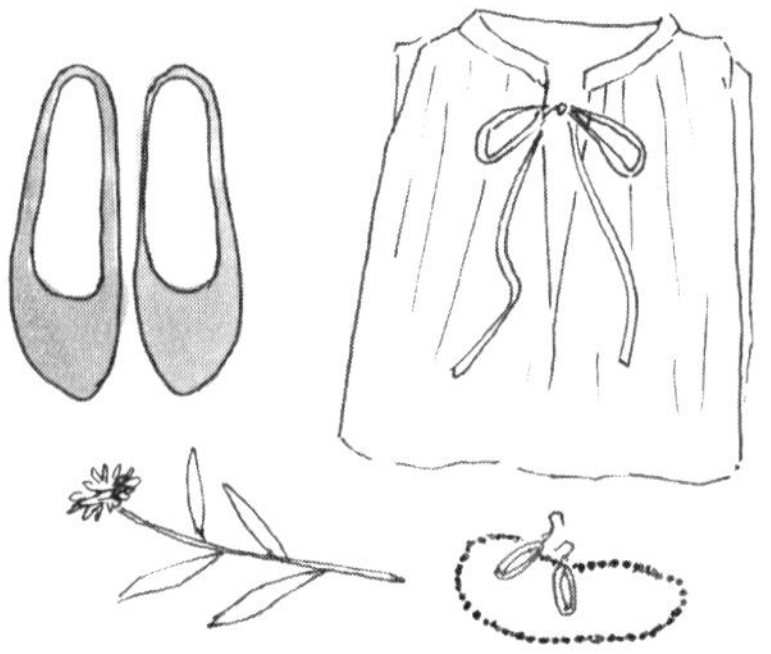

4 自分で自分をコーディネイトする。

5 なりたい自分をイメージしながら、自分をマネジメントする。

6 お洒落をして自分を磨く。

氣を使って、意中の人を振り向かせる

書いていいものかどうか迷ったのですが、必要な人もいるだろうと思い、紹介することにしました。ある意味、禁じ手ではあります。ですから、本当に必要な人だけ、試してください。

気になる人、好きな人はいるけど、相手の気持ちがよくわからない。恋愛の始まりというのは、このような不安な気持ちからスタートすることが多いですね。でも、せっかく恋をしたからには、好きな人を振り向かせて両思いになり、お付き合いにまで発展させたいですよね。

まず大切なのは、自分磨きと自己肯定です。相手を振り向かせようとするなら、その前に、自分の外見とともに内面を磨き、自分自身を意識することです。自分自身を好きになることです。同時に、氣と仲良くなって、どんどん氣を取り入れて、氣の巡りをよくしてください。こうして、自分のステージを上げてください。これは絶対条件です。

①自分の外見、内面を磨く。

②自分を意識する。

③自分のことを好きになる。

④氣の巡りをよくする。

こうすることで、引き寄せるものが、それまでとは違ってきます。

その上で、氣を使うのです。

この本の中ですでに書いたと思いますが、ある程度、氣が使えるようになると、相手の中に入り込むことができるようになりますので、それを使って相手を振り向かせるのです。

相手から見た自分というものを客観的に見たときに、魅力的な自分であるように

意中の人を振り向かせるワーク

1 目を閉じて、自分自身が幽体離脱(ゆうたいりだつ)したようなイメージをします。

2 次に、幽体離脱した**1**の自分が、相手の中にふわっと入り込むイメージをします。

3 **2**で相手の中に入った自分が、目の前にいる自分に対して、「好きです」と告白するように、自分のことを好きだとイメージします。そして、相手のほうを見て、フッと息を吹きかけます。

相手の中に入り込んだ自分が見た自分が魅力的じゃないと、好きになれませんよね。これはある意味、相手を通して自分を客観的に見ることでもあります。相手の目の前に魅力的な自分がいるように、自分自身を磨いてください。

第5章

氣を使ってきれいになりましょう

氣を使って美しくなる

施術会場にも、きれいになりたい、お顔のリフトアップを、ということで来られる方がありますが、施術の旅をする中で気づいたことがあります。それは、氣を使うことによって、あるいは、氣の施術を受けることによって、その方がもともと悩んでいた症状が改善されるだけではなく、気づいたら肌の色艶も増していた、という方が多くいらっしゃるのです。

からだの中に氣が満ちることによって、エネルギーの流れがよくなり、血行もよくなって、肌がきれいになったり、色艶がよくなったり、ということが起こるのではないでしょうか。

そして、肌に関する症状に最も効果的なのは、脾臓タッチ＆アタックです。肌に関するヒーリングの前には、前述した脾臓タッチ＆アタックをマスターし、まずはこれを行うことから始めてください。

この章では、「氣を使って美しくなる」ための、さまざまな方法についてご紹介します。

からだの声を聴き、しあわせなからだを作る

整体(せいたい)やマッサージを受けたり、薬を飲んだりすると、からだの痛みや症状が消えることがありますね。

それはとてもありがたいことなのですが、もっと大切なのは、自分で自分をケアできるようになることです。

膝裏の神さまのツボのところで私は、施術のとき、手でスキャンするように、氣を使って施術ポイントを探すと書きましたが、同じように、氣を使い、からだの声を聴き、対話するような気持ちで、ケアしてください。氣感がアップしてくると、何か引っかかりを感じるとか、ん？ と思う変化もキャッチできるようになったりすると思います。

セルフ・ボディワーク　からだ全体に、氣を配りましょう

1 32頁の要領で氣あそびをして、手のひらに氣をたくさん集めます。

＊集まった氣をボールにしてこねてもＯＫです。

2 からだ全体をやさしくマッサージするようにして、手のひらの氣をからだ全体に、オーラのようにまとわせていきます。頭、耳、目……、からだの声を聴き、からだと対話するような気持ちで、氣を纏(まと)わせていきます。気になる箇所は、やさしくいたわるように、時間をかけて念入りに行ってください。

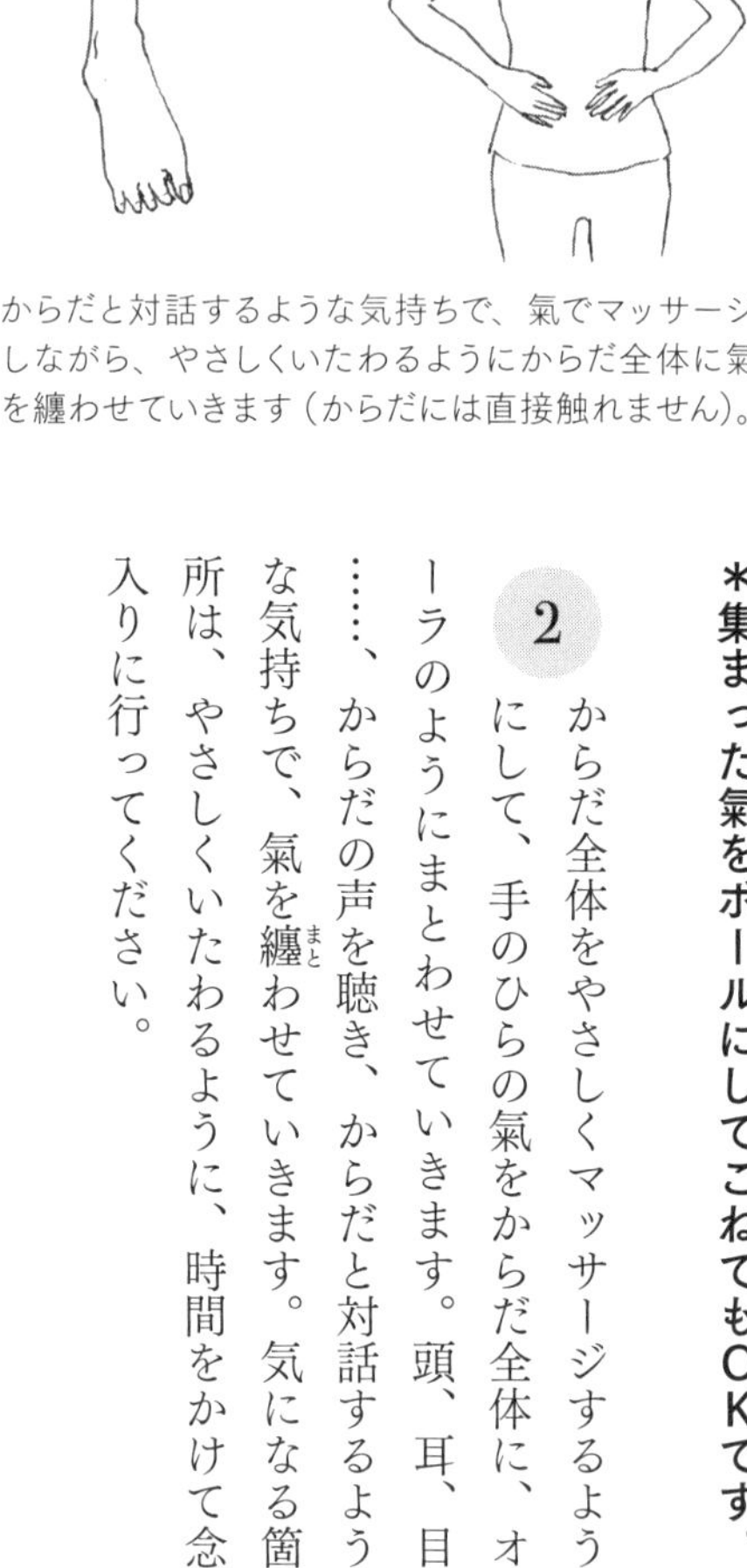

からだと対話するような気持ちで、氣でマッサージしながら、やさしくいたわるようにからだ全体に氣を纏わせていきます（からだには直接触れません）。

3 手はからだには触れませんが、こうした氣当てによって、細胞の一つ一つが喜んでいる様子をイメージしながら行うと、より効果的です。すると、手のひらやからだがじんわり温かくなってきます。

簡単にできるワークですので、毎日のちょっとした隙間(すきま)時間を利用して試してみてください。1日に何度かやってみるだけで、からだの疲れ方が違ってきますし、疲れも早く取れるようになり、肌のツヤと輝きも増してきます。

美顔、便秘解消にも効果あり。魔法の水・プラーナ水

氣の妖精・プラーナ。このプラーナが私たちのからだに入り込んで氣のエネルギーになることは第1章でご紹介しましたが、このプラーナがたっぷり入ったお水を作る方法をご紹介します。

氣の妖精がたっぷり入ったお水なんて、ロマンティックだと思いませんか。

プラーナ水は、飲むだけではなく、ミストにして、化粧水がわりに使ってもらってもいいと思います。

また、便秘の方はこのプラーナ水を飲んでみてください。驚くほどの効果が期待できます。

プラーナ水の作り方

これは、本当に魔法の水です！

1 常温のお水を入れたボトルを用意します。500㎖以下のボトルがいいと思います。冷えたお水ならば、しばらく日光に当てて、常温に戻します。

2 このボトルを日差しの差し込む窓辺にしばらく置いてから蓋(ふた)を開け、ボトル全体を手のひらで包むようにして氣を当てます。

当てる時間は、氣の力にもよりますが、だいたい3～5分くらいでしょうか。大切なのは、時間よりも手のひらの感覚です。当てていると、手のひらがムズムズ、ピリピリしてきますから、しばらく当て続けてください。しばらく当てていると、手のひらのムズムズ、ピリピリした感覚に変化があります。その変化を感じたらできあがりです。

＊プラーナ水は、冷やさずに、少しずつ飲んでください。一度に飲むと、トイレに駆け込むことになるかもしれません。

痩せた！　便秘が解消された！　美肌効果があった！　といった報告が次々と。魔法の水・プラーナ水!!　1 ボトルに入れたお水を窓辺に置き、常温に戻してから、手のひらで包むようにして氣を当てていきます。　2 ゆっくり、少しずつ飲みます。

＊このプラーナ水は3日くらいは持ちますし、誰でも簡単に作れるので、ぜひ、作ってみてください。

＊ハワイに古くから伝わるホ・オポノ・ポノの「ブルーソーラーウォーター」がありますね。あのお水を作るときのように、ありがとう、愛しています、といった言葉をかけるのもいいかもしれません。

＊氣を当てる前と後では味にも変化があり、雑味(ざつみ)が取れて、まろやかになります。
　このプラーナ水で焼酎(しょうちゅう)の水割りを作ると、アルコール臭も消え、二日酔い(ふつかよい)防止にもなります。

＊プラーナ水を飲んで２kg痩せたという人もいますが、毎日飲むと胃腸が活発に動き、宿便が出たりして、痩身効果が期待できます。

＊腸の中がすっかり洗われるようなお通じがあった、便秘が解消されたといった報告があり、腸活にはピッタリです。

＊ミストにして顔に吹きかければ美顔効果が期待できますし、アトピー性皮膚炎にも効果が期待できます。

食べ物を浄化する

たとえば外食したときなど、食べ物の農薬汚染や添加物が気になることはありませんか。

本当のことを言いますと、どんなものでも、感謝して、ありがたく食べればいいのですが、現代の食事情は、汚染や添加物などの脅威にさらされており、そうしたものを見た目だけで見破ることは難しいですね。

ですから、どうしても気になる方は、ご家族やご自身の身を守るために、氣の力を利用してみてはいかがでしょう。

食べる前に、左手を食べ物にかざして氣で包むようにし、食べ物が浄化され、エネルギーで満たされたと思うまで、氣を当ててください。濁った水が澄むようなイメージを持つと、より効果的です。

氣を使って肌を美しくしましょう

氣を知り、使えるようになると、肌が美しくなります。これは氣を経験したほとんどの人が実感しています。

たとえば、門下生のTさんは、氣を使って人に施術するようになってから、「最近、お化粧品を変えた?」とよく訊かれるそうですが、確かに、以前と比べて肌がツヤツヤとし、お化粧のノリもよくなったような気がします。

肌を美しくしたいと思ったら、32頁でご紹介した氣あそびにまずはチャレンジしてください。そして、氣を感じることができるようになったら、フェイシャル・エステティシャンの手の動きを参考にして、氣のエステに挑戦してみましょう。

氣のフェイシャル・エステと氣のマスク

ツヤツヤ、ピカピカになった
自分の肌をイメージしながら行いましょう

1 椅子に座り、全身の力を抜いてリラックスし、脾臓タッチ&アタックを行い、脾臓にじっくりと氣を当てます。肌に関することには、この脾臓タッチ&アタックをすると、かなりの効果が期待できます。

2 次に、両手で顔をふんわり包み、やさしくマッサージするように、氣を当ててください。

フェイシャル・エステティシャンの手の動きの基本は、やわらかく、心地よいタッチだそうですが、直接肌に触れない氣のエステでも、エステティシャンの手の動きのように、やわらか～く、心地よいタッチをイメージしながら行ってください。

3

手のひらを使って、顎（あご）からこめかみに向かって肌を持ち上げるように氣を当てます。
氣を当てながら、実際にリフトアップしているイメージを持ってくださいね。

4

皺（しわ）は、指先を使って、横に伸ばすように氣を当ててください。

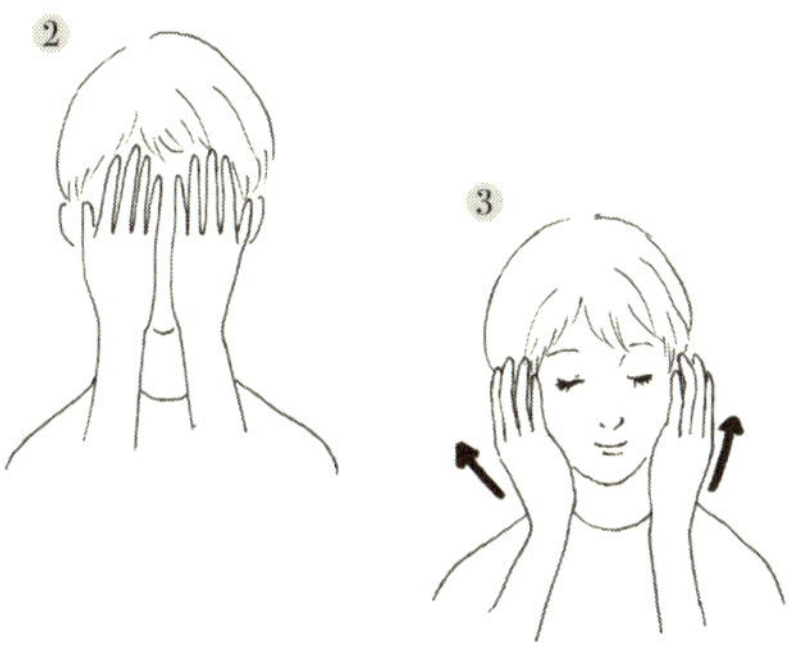

❷氣のフェイシャル・エステ！　両手で顔をふんわり包み、やさしくマッサージするように氣を当てましょう（肌には直接触れません）。❸顎からこめかみに向かって、肌をピン、と持ち上げるように氣を当てます（肌には直接触れません）。

5

最後に、氣に満ちた手のひらをゆっくりと顔に当てて、氣のマスクをすれば、より効果的です。

この氣のエステは1日に何回行ってもいいと思いますが、おすすめは、入浴タイムです。氣のミストを浴びながら、ゆったりとした気持ちで、ツヤツヤになった自分の肌をイメージしながら行ってください。

そのうちに、「最近、肌がきれいになった

ね」「お化粧品を変えた？」と、みんなにうらやましがられるかもしれませんよ。

育毛ヒーリング

性別に関係なく、薄毛の悩みを持たれている方は多くいらっしゃいます。

施術を通して感じるのは、女性の方は、円形脱毛症から広がりをみせていく例が多いように思います。この場合、頸椎をほぐしてから、脳内にまず氣を当て、崩れたホルモンバランスを整えるイメージで施術をします。早い方は、一度の施術で改善されることもあり、小さい円形脱毛症でしたら、ひと月で産毛が生えてくるようです。

男性の方は、遺伝的な要素の場合が多く見られますが、施術後、もっさりとした髪が生えてくる方もいらっしゃいます。

育毛ヒーリングは、直接頭部に触れませんが、氣を当てるとピリピリとした刺激を感じ、多くの方に結果が出ています。

免疫不全で頭髪、眉毛、髭がすべて抜けていた熊本の40代の男性に、甲状腺と胸椎に氣を当てたところ、1か月ほどで産毛がビッシリ生えてきまして、約2か月ですべて生えそろいました。

また、浜松では、頭頂部に毛が1本もなかった80歳の男性の方が、施術後、たくさんの毛が生えてきまして、櫛（くし）がひっかかるまでになりました。

大分の若ハゲで悩んでいた板前さんは、よみがえった頭髪で婚活中です。

育毛ヒーリングのやり方

1 椅子に座ってからだの力を抜き、脾臓タッチ＆アタックをします。

2 次に、左右の3本の指先を頭頂に向け、立てるように構えたら、指先を小刻みに動かしながら氣を当てていきます。気になる部分があれば、そこに集中的に氣を当ててもいいでしょう。このとき、指の動きは止めないようにしてください。動きを止めてしまうと、脳内に氣を当ててしまうので、小刻みな動きをキープしてください。

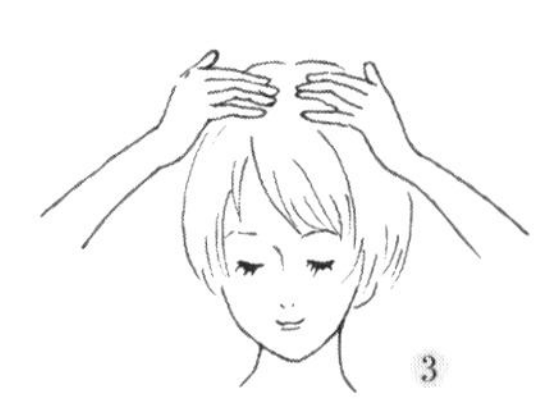

育毛ヒーリング！　**2**頭頂に向けた指先を小刻みに動かしながら氣を当てます。小刻みな動きをキープするのがポイント。　**3**両手で頭を覆うようにし、髪を上に引っ張り上げるようなイメージで、両手を上下させながら、頭全体に氣を当てます（頭には直接触れません）。

3 次に、両手で頭を覆うようにし、髪を上に引っ張るようなイメージで、両手を上下させながら、頭全体に氣を当てていきます。

子どもの頃、下敷きで静電気（せいでんき）を起こして髪を持ち上げて遊んだ経験はありませんか。こんなふうに、静電気で髪が立ち上がる様子をイメージしながら、上下させてください。人によっては、頭がピリピリするような感じがあるかもしれませんが、このとき、毛根が活性化している様子をイメージしてもいいでしょう。

お顔のリフトアップ

これは得意分野です（笑）。

顔面神経麻痺（がんめんしんけいまひ）で片方の顔面が下がった方が来られたとき、1回の施術で元に戻ったことがありました。このとき、15

分くらい氣を当てたでしょうか、氣を当てて顔面の神経を上に引っ張ったら、下がっていた顔面が上がり、ゆがんでいた顔がきれいに元に戻ったのですね。以来、何人かの方にこの施術をしていますが、かなり結果が出ています。

この施術を勉強したのは、弟子のひとりと知り合ったことがきっかけでした。彼は屋根の防水工事の仕事をしているのですが、仕事中に7mの高さのスレート屋根から落ちて、三途の川を渡りかけてこの世に戻ってきたんですね。そのときの怪我で、まぶたを閉じることができなくなったということで、目が開いたままの状態で私の元を訪ねてきたんです。

彼のまぶたは施術によって閉じることができるようになったのですが、これを生かせば、顔のリフトアップもできるのではないだろうか、そう思ったことがきっかけで行うようになった施術です。

ざっくりと説明すると、顔面神経というのは、耳の上あたりから目のほうに向かい、そこから顔面に何本も広がっているんです。顔面神経はもう一つ、エラのあたりにもあり、それが目のほうに向かって何本も広がっているんですね。顔のリフトアップは、この神経に沿って氣を当て、引っ張り上げていくのです。

リフトアップ・ヒーリングをする前、した後の顔の表情の違いをチェックしてみてください。スッと顔面が持ち上がったことがわかるはずです。

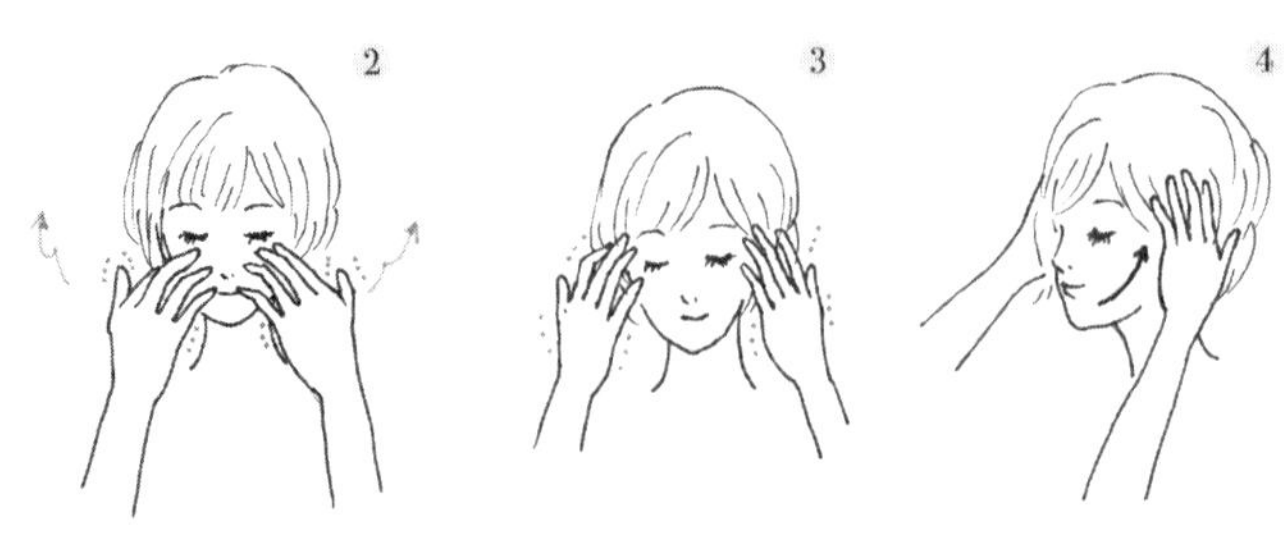

2 指先を細かく動かしながら、顔全体の皮膚、筋肉を、少しずつほぐしていきます。 3 目→こめかみ→耳の上へ、氣を当てながら皮膚を持ち上げていきます（肌には直接触れません）。 4 顔のエラ→こめかみへ、顔面神経を引っ張り上げるようにしてリフトアップ（肌には直接触れません）。

お顔のリフトアップ・ヒーリング

1 椅子に座り、全身の力を抜いてリラックスし、脾臓タッチ＆アタックをします。お肌のヒーリングには、この脾臓タッチ＆アタックはとても重要なポイントとなります。

2 次に、左右の手のそれぞれ３本の指先を小刻みに動かしながら、顔全体の皮膚、筋肉を、少しずつほぐしていきます。

3 皮膚をリフトアップさせるつもりで、目のあたりからこめかみを通って耳の上に、左右の手のそれぞれ３本の指先を小刻みに動かしながら、氣で少しずつ持ち上げていきます。一気に持ち上げるのではなく、小刻みに動かす↓持ち上げて止める、この動作を繰り返しながら、顔面の神経を引っ張り上げるようにして、耳の上あたりまで上げていきます。

④ 顔のエラあたりからこめかみに向かって、③と同様の動作を繰り返しながら、顔面の神経を引っ張り上げるようにして、こめかみのあたりまで上げていきます。このとき、こめかみのあたりがジンジンするという人もいます。

おわりに

それ氣で解決できますよ。

からだの痛みや心の苦しみ……。日々、生きていると、本当にいろいろなことがありますね。でも、私たちには、本来、そうしたものを予防する能力や自分自身で修復できる能力が備わっています。自分を磨き、輝かせる能力もまた、備わっているのです。

痛みを和らげたい、からだの不調を改善したい、赤ちゃんが欲しい、きれいになりたい、意中の人を振り向かせたい、薄毛を何とかしたい……そんな悩みや願望も、氣の力を上手に使うことによって解決できること、そして、その具体的な方法についてもお伝えしたいと思い、さまざまなワークも入れて、セルフ・ヒーリングの個人道場を開催しているようなつもりで、この本を書きました。

今、私は、氣の力を多くの人に伝えることがより多くの人を助けることにつながる、という思いから、東京や大阪などで氣のセミナーや道場を開催していますが、参加者たちの氣の能力が回数を重ねるたびにアップし、その能力がどんどん花開いていることを実感しています。また、実際に施術で活躍している方も増えています。

本文にも書きましたが、私は常々、氣あそびをし、氣の使い方を覚えたら「(施術を)やんなはれ」と言っています。家族でも、友人でも、自分自身でも、とにかく1人目を元気に、しあわせにすることができたら、それがスタートになりますし、自信にもつながります。
みなさんもぜひ、この本を活用して、さまざまなセルフ・ヒーリングを実践し、まず、自分自身を元気に、しあわせにしてください。そして、健康で、光り輝く人生をきりひらいていってください。

そして、そこから歩を進め、家族や友人や知人を癒し、光り輝く人生に導いていってください。

「氣の能力というのは、誰でも身につけることができるんです」
「氣の能力を身につけるのに、お金はかからないんです」

「氣の能力をしあわせな方向に使ってください」

ということを伝え、氣を使える方が全国にたくさん出てきて欲しい。それが私の夢です。

最後までお読みくださり、本当にありがとうございました。

さだじぃ。記す

◆ ペットボトルや食べものを置く。
◆ 写真から数センチ離して、手をかざしてみる。
◆ 疲れたとき、写真に手を重ねてみる。
◆ 本を閉じたときに写真の手のひらではさんだ状態になるように、お金や宝くじを置く。
◆ 不調を感じる箇所にこのページを当てる。 etc.

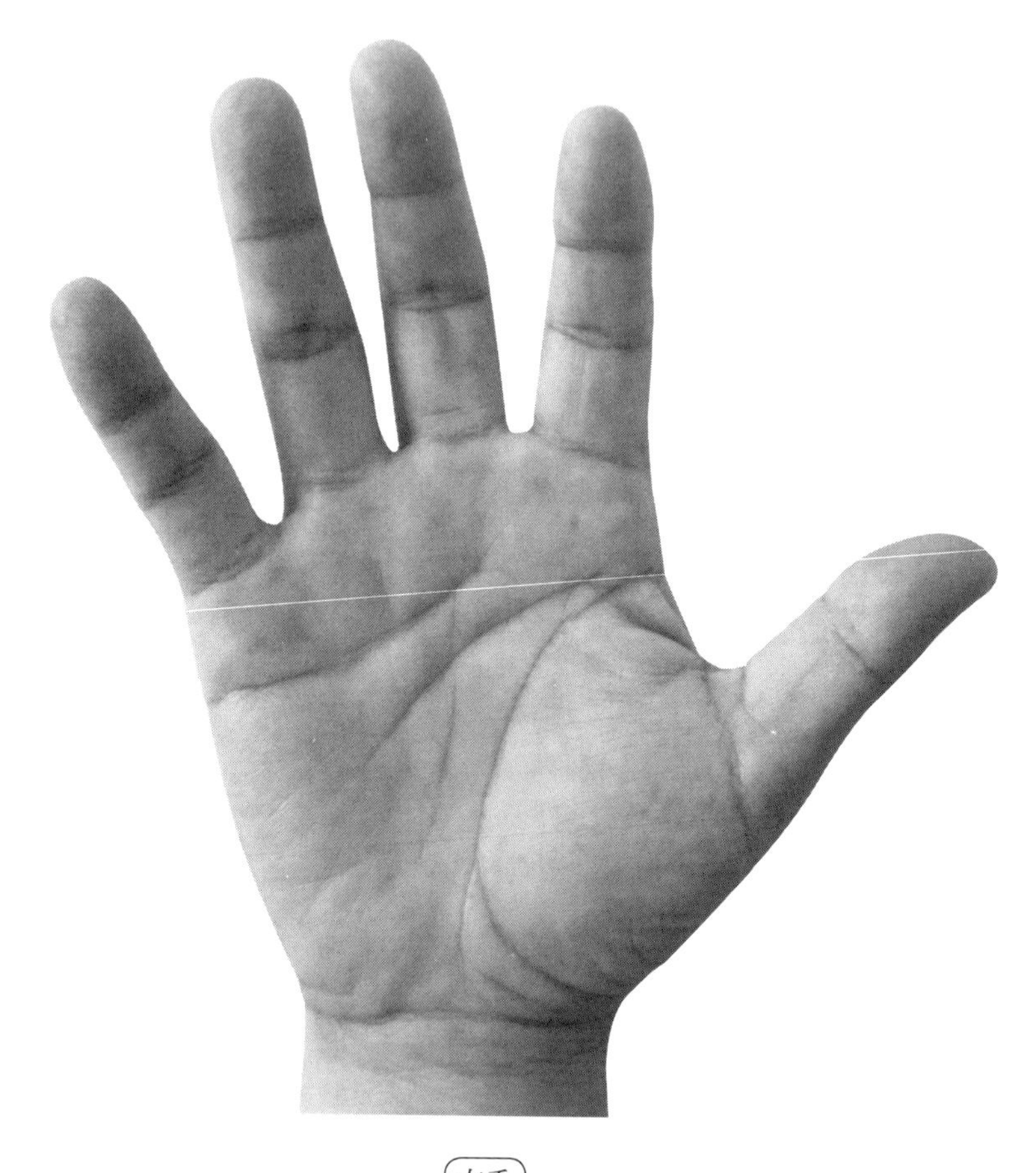

右手

こちらで氣を受けます。

「氣」の不思議な力を体験してみましょう。

日常生活のいろいろな場面で、この見開きページを試してください。

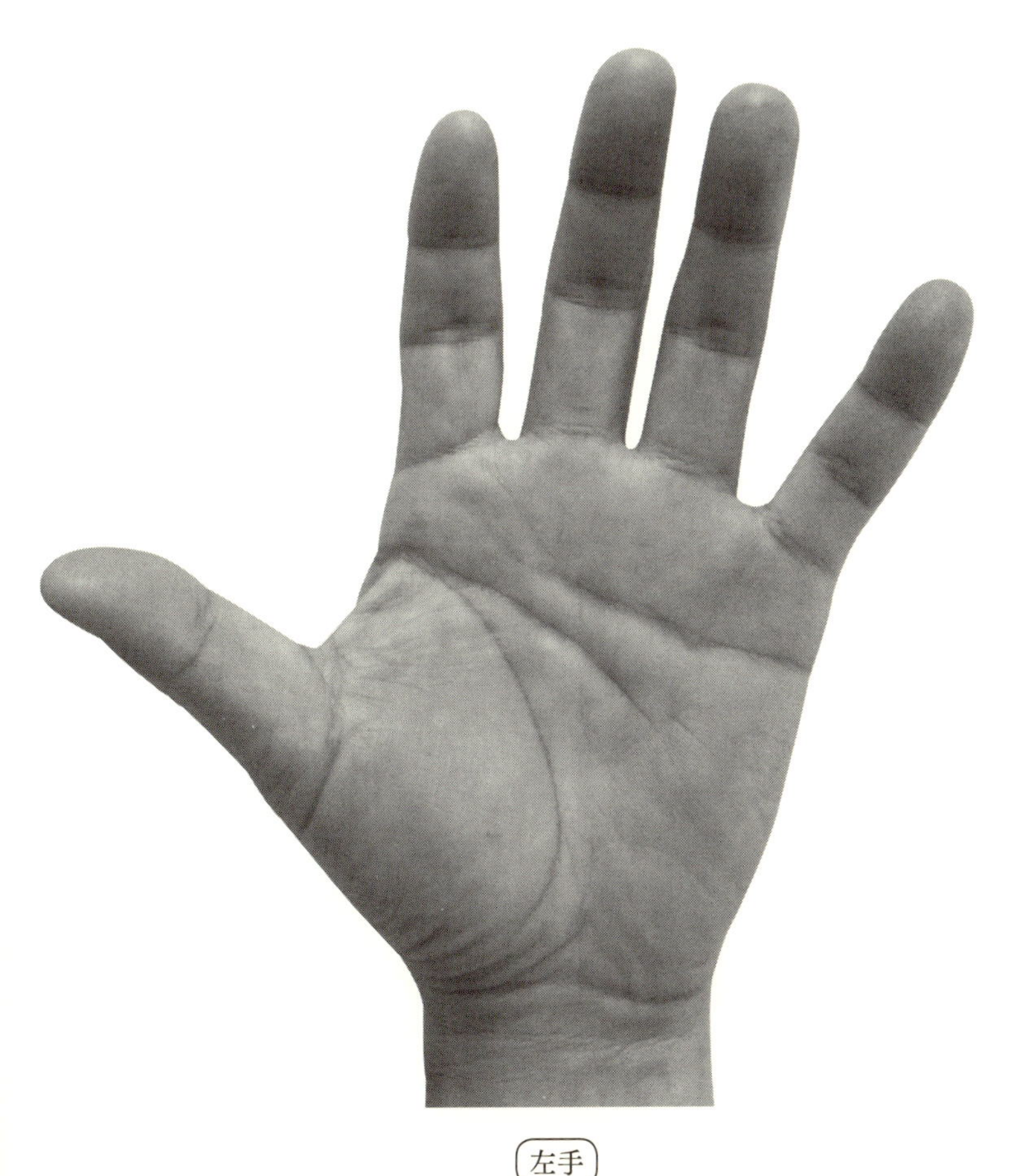

左手

こちらから氣が出ます。

さだじぃ。

1961年鹿児島生まれの宮崎育ち。39歳のとき、当時経営していた寿司店を訪れたお客さんによって氣の力に開眼。さだじぃ。の施術によって、動かなかった四肢が動いた、顔面麻痺が治った、ガンが消えたといった奇跡が次々に起き、その評判が口コミで広がる。増え続ける施術希望の声に応えるために、2011年の東日本大震災を機に、経営していた寿司店を閉め、以後、施術の旅を続ける日々を送っている。一方で、学校や企業等の依頼に応じて「氣」の授業や講演、セミナーを行なう他、第二のさだじぃ。を育てるために、施術のやり方を伝える「氣の道場」を開催している。

著書に『運命を変える　氣のパワー』『運命をひらく　神様のツボ』(河出書房新社)、『第七感　運命を変える不思議な力』『さだじぃ。の「気のちから」入門』(晋遊舎)がある。

http://ameblo.jp/sada8556/

イラスト　kana.

編集協力　早川茉莉

あっ、それ氣で解決できますよ。
さだじぃ。直伝のセルフ・ヒーリング術

2018年12月20日　初版印刷
2018年12月30日　初版発行

著　者　さだじぃ。

発行者　小野寺優

発行所　株式会社河出書房新社
〒151-0051 東京都渋谷区千駄ヶ谷2-32-2
電話 03-3404-1201(営業)
03-3404-8611(編集)
http://www.kawade.co.jp/

ブックデザイン　堀口努

組版　株式会社キャップス

印刷・製本　三松堂株式会社

Printed in Japan
ISBN978-4-309-23104-4

河出書房新社のさだじぃ。の本

運命を変える　氣のパワー

見るだけで不思議な力が身につくDVD付

「氣」のメソッド、初公開！　見るだけで、不思議な力が身につくDVD付。さだじぃ。が全身全霊を込めて、あなたに「氣」を送ります。氣の力で、健康になる、運気を上げる！

四六版変型／176頁

運命をひらく　神様のツボ

見るだけでからだが癒され、ラッキー体質になるDVD付

腰痛・坐骨神経痛が消えた！　脳梗塞の後遺症から解放された！　心身の不調を解消し、人生にも効果絶大なさだじぃ。式ヒーリングの新しいメソッド。「神様のツボ」の極意を初公開！

四六版変型／164頁